GESUNDER GENUSS

FRIENDLY FOOD
All Rights Reserved
Copyright © Bokförlaget Max Ström
Originaltitel: *FRIENDLY FOOD – MAT UTAN GLUTEN, SOCKER OCH MJÖLK*
ISBN 978-91-7126-312-4

Text: Hanna Göransson
Fotos: Hanna Göransson
Layout: Hanna Göransson
Prüfung der Rezepte: Kristina Valentin
Lektorat: Elisabet Sahlin
Repro: Italgraf Media, Stockholm

© für diese deutsche Ausgabe: h.f.ullmann publishing GmbH
Übersetzung aus dem Schwedischen: Frauke Watson
Satz: ce redaktionsbüro für digitales publizieren
Coverfotos: Hanna Göransson

Gesamtherstellung: h.f.ullmann publishing GmbH, Potsdam

Printed in Poland, 2015

ISBN 978-3-8480-0872-8

10 9 8 7 6 5 4 3 2 1
X IX VIII VII VI V IV III II I

www.ullmann-publishing.com
newsletter@ullmann-publishing.com
facebook.com/hfullmann
twitter.com/hfullmann

GESUNDER GENUSS

ALLERGENARM KOCHEN OHNE GLUTEN, MILCH UND ZUCKER

HANNA GÖRANSSON

h.f.ullmann

INHALT

Vorwort   9

Tipps & Tricks   11

Frühstück & Zwischenmahlzeiten   13

Mittag- & Abendessen   89

Süßspeisen & Desserts   127

Register   158

Danksagung   160

VORWORT

....

Ich freue mich sehr, dass Sie dieses Buch in den Händen halten – 160 Seiten leckere Rezepte, die ich mit viel Spaß an der Freude für Sie entwickelt habe. Denn ich teile von Herzen gern all die Dinge, die ich liebe und die gut für mich sind. Dinge, die den Körper mit Energie versorgen, zum Beispiel leckeres und gesundes Essen und körperliche Bewegung. Dinge, die gut für Hirn und Geist sind, etwa positives Denken, Lachen und kreativ sein. Wenn Sie Körper und Seele miteinander in Einklang bringen möchten, haben Sie soeben einen Schritt in die richtige Richtung getan.

Ich glaube, dass jeder Mensch selbst herausfinden muss, was für sein eigenes Wohlbefinden am besten ist. Die optimale Energiequelle für den Körper zu finden ist eine Entdeckungsreise, die das ganze Leben lang andauert, denn schließlich verändern wir uns alle im Laufe der Zeit, sowohl innerlich wie äußerlich. Ein gesunder Körper ist die beste Lebensgrundlage und wir sollten ihm daher geben, was er braucht.

Als ich vor ein paar Jahren mein Glück im Leistungssport suchte, wurde dieser schnell zum festen Bestandteil meines Lebens und veränderte auch meine Essgewohnheiten. Ich bekam ein besseres Gefühl dafür, was mein Körper eigentlich brauchte, und begann mich bald für gesunde Ernährung zu interessieren. Eine drastische Reduzierung von Gluten, Industriezucker, Kohlehydraten und der meisten Milchprodukte führte bald dazu, dass ich mich deutlich munterer, kräftiger, und vor allem fröhlicher fühlte. Wenn man erst einmal das Richtige gefunden hat, findet sich der Rest ganz von selbst. Ich hätte nie gedacht, dass es einen solchen Unterschied macht, wenn man manche Lebensmittel aus dem Speisezettel streicht und dafür ein paar neue einführt. Plötzlich eröffnete sich mir eine ganz neue Welt an spannenden Zutaten und neuen Möglichkeiten, zu backen und zu kochen.

Weder bin ich Gesundheitsguru noch Sterneköchin, doch ich hoffe sehr, dass ich Sie dazu ermuntern kann, einen Schritt in die richtige Richtung zu tun – ganz ohne strikte Verhaltensregeln und festen Rahmen. Es sollte Spaß und Freude machen und ein selbstverständlicher Teil des Lebens werden, sich um einen gesunden und ausgeglichenen Körper zu kümmern, der sich ein ganzes Leben lang bester Gesundheit erfreut.

In diesem Buch geht es um einfaches und leckeres Essen zur Freude für Gaumen und Augen. Hier finden Sie all meine Lieblingsrezepte.

Hanna Göransson

PS.: Schauen Sie doch einmal auf meinem schwedischen Blog vorbei: www.hurbrasomhelst.se

TIPPS & TRICKS

Kokosmilch & Kokoscreme

Kokosmilch ist cremig-flüssig. Wenn Sie die Packung schütteln, soll es darin leicht plätschern. Ich selbst verwende Kokosmilch mit hohem Fettgehalt für Smoothies, Suppen, Backwaren und Grütze.

Kokocreme ist das Fett der Kokosmilch und hat daher eine viel dickflüssigere Konsistenz. Je nach Marke ist der ganze Packungsinhalt fest oder er schwimmt auf einer Schicht von Kokoswasser. Für unsere Rezepte ist es wichtig, nur den festen Anteil zu verwenden.

Kokoscreme steif schlagen

Das Kokoswasser einfach aus der Packung abgießen und die Kokoscreme mit einem Handmixer steif schlagen. Zuletzt ein wenig echtes Vanillepulver und einen Spritzer Zitronensaft zugeben. Auf der Abbildung links wurde das Kokoswasser in ein Glas abgegossen und das Kokosfett steif geschlagen. Das Wasser nicht wegschütten – man kann es wunderbar in Smoothies, Gebäck oder als Saucengrundlage verwenden. Ich nehme immer Creme mit hohem Fettgehalt.

TIPP: Sie haben nur Kokosmilch im Haus? Stellen Sie eine Packung Kokosmilch 2 Stunden in den Gefrierschrank, dann trennt sich das Fett von der Flüssigkeit und kann nach dem Auftauen verwendet werden.

Ersatz für Eier

Wenn Sie keine Eier essen dürfen oder wollen, gibt es zwei Ausweichmöglichkeiten, wenn das Rezept Eier verlangt:.

1 Leinsamen-Ei: 1 EL Leinsamenschrot mit 3 EL Wasser in einer Kasserolle zu einer gallertartigen Flüssigkeit einkochen.

1 Chia-Ei: 1 EL Chiasamen mit 3 EL kaltem Wasser verrühren, bis sich eine gallertartige Masse gebildet hat.

Süßungsmittel

Die Rezepte in diesem Buch sind mit Agavensirup, Kokoszucker, Früchten oder Beeren gesüßt. Sie können stattdessen auch Yaconsirup, Honig oder Stevia nehmen.

Feines & grobes Mehl

Mandel- und Kokosmehl gibt es in feiner und grober Ausführung zu kaufen. Der obere Löffel auf dem Foto links ist mit feinem und der untere mit grobem Mehl gefüllt. Feines Mehl nimmt mehr Flüssigkeit auf als grobes. Mandelmehl ist normalerweise recht grob und Kokosmehl eher fein; wir verwenden je nach Rezept beide Ausführungen.

Nussbutter & Nussmilch

Nussbutter besteht aus sehr fein gemahlenen Nüssen. Probieren Sie ruhig einmal unterschiedliche Geschmacksrichtungen in unseren Rezepten aus, zum Beispiel Haselnuss-, Erdnuss- oder Mandelbutter. Das Grundrezept finden Sie auf Seite 79. Man kann Nussbutter auch fertig kaufen.

Nussmilch besteht aus gemahlenen und mit Wasser versetzten Haselnüssen, Mandeln oder Sesamsamen. Das Grundrezept finden Sie auf Seite 46. Man kann Nussmilch auch fertig kaufen. Wenn im Rezept nur „Nussmilch" steht, ist damit die Nussmilch gemeint, die Ihnen selbst am besten schmeckt.

Lebensmittel- & Naturkostgeschäfte

Die meisten Zutaten in diesem Buch gibt es in gut sortierten Lebensmittelgeschäften. Wenn nicht, werden Sie im Naturkostladen oder im Internet fündig.

Klebriger Teig

Wenn Sie gluten-, zucker- und laktosefrei backen wollen, müssen dem Teig manchmal extra Ballaststoffe zugesetzt werden, da dieser sonst zu klebrig oder pappig wird. In den Rezepten finden Sie Hinweise, welche Konsistenz der Teig haben muss und wie er verarbeitet wird.

Flohsamenschalenpulver

Es besteht aus feinstgemahlenen Flohsamenschalen der Plantago-Pflanze und ist ein gesundes, wasserlösliches Bindemittel. Sie bekommen es im Naturkostladen oder im Internet.

Kokosöl

Ich verwende grundsätzlich kalt gepresstes „Extra Virgin" Kokosöl.

FRÜHSTÜCK & ZWISCHEN-MAHLZEITEN

SCONES

aus Quinoa- und Teffmehl

50 g Quinoamehl
50 g helles Teffmehl
30 g Leinsamenschrot
2 TL Flohsamenschalen-
    pulver
2 TL Backpulver
1 Prise Kräutersalz
225 ml Nussmilch
2 EL zerlassenes Kokosöl

Nüsse oder Samen
    zum Bestreuen

Für 4 Scones

Den Backofen auf 175 °C vorheizen.

Alle trockenen Zutaten mischen. Nussmilch und zerlassenes Kokosöl dazugeben und gut verrühren. Die Masse 5 Minuten gehen lassen.

Die Hände anfeuchten, die Teigmasse zu 4 Klößen rollen und auf ein mit Backpapier ausgelegtes Blech legen. Mit Nüssen und Samen Ihrer Wahl bestreuen.

Auf der mittleren Schiene ca. 15 Minuten backen.

Tipp Sie können auch grobes Mandel-, Kichererbsenmehl, Sesam- oder Buchweizenmehl verwenden. Wenn der Teig aufgegangen ist, ist er recht klebrig – darum sollten Sie zum Formen des Teigs immer die Hände anfeuchten.

SONNENBLUMENBROT

mit Chiakonfitüre & Kokoscreme

250 g Sonnenblumenkern-
butter, Zimmertempe-
ratur
4 große Eigelbe
½ EL Agavensirup
100 ml Nussmilch
1 EL Apfelessig
4 große Eiweiße
25 g Kokosmehl
1 TL Backpulver
½ TL Meersalz

Für 1 Brot

Den Backofen auf 150 °C vorheizen und eine Schüssel mit Wasser auf den Boden des Ofens stellen. Dadurch bekommt das Brot eine schönere Farbe.

Eine Brotform mit Backpapier auskleiden.

Butter und Eigelbe mit dem Stabmixer oder im Mixer verrühren, dann Sirup, Milch und Essig zugeben. Die Eiweiße steif schlagen. Die trockenen Zutaten mischen.

Wenn der Ofen heiß ist, die trockenen Zutaten in die Eigelbmasse geben. Zuerst 1/3, dann den Rest des Eischnees vorsichtig darunterheben, bis der Teig glatt ist.

Den Teig in die Form geben und ca. 50 Minuten goldbraun backen. 15–20 Minuten abkühlen lassen.

Das Brot mit einem Messer vom Rand der Backform lösen und auf ein Kuchengitter stürzen. Ganz auskühlen lassen und dabei einmal wenden.

Das Brot hält sich im Kühlschrank etwa eine Woche lang frisch. Man kann es auch gut einfrieren.

Mit Chiakonfitüre und Kokoscreme servieren. Das Rezept für die Chiakonfitüre finden Sie auf Seite 83.

Tipp

Kokosmehl ist reich an Proteinen und Ballaststoffen. Es schmeckt leicht süßlich und passt daher auch gut als ballaststoffreiche Zutat in Smoothies oder Grütze. Statt der Sonnenblumenkerne können Sie für die Nussbutter auch Mandeln, Haselnüsse, Cashewkerne, Leinsamen, Hanfsamen oder Kürbiskerne nehmen. Das Rezept für die Nussbutter finden Sie auf Seite 79.

BLAUBEERBROT

mit geraspelter Zucchini

150 g Buchweizenmehl
100 g grobes Mandelmehl
1 EL Flohsamenschalen-
   pulver
65 g Leinsamenschrot
1 TL Backpulver
1 TL Soda
1 Prise Meersalz
1 ca. 10 cm lange Zucchini,
   geraspelt
2 EL Kokosöl, zerlassen
2 Eier
200 ml Nussmilch
70 g Blaubeeren

Für 1 Brot

Den Backofen auf 200 °C vorheizen.

Alle trockenen Zutaten mischen. Die restlichen Zutaten außer den Blaubeeren zugeben. Der Teig soll kompakt, aber nicht trocken sein. Wenn nötig, noch etwas Flüssigkeit zufügen. Zuletzt die Blaubeeren zugeben.

Eine ca. 1,5-Liter-Backform mit Backpapier auskleiden. Den Teig hineingeben, glattstreichen und auf der mittleren Schiene ca. 45–50 Minuten backen, bis die Kruste schön knusprig ist. Vor dem Aufschneiden gut auskühlen lassen.

Das Brot hält sich ca. 1 Woche im Kühlschrank. Man kann es auch gut einfrieren.

Tipp   Für dieses Brot kann man so ziemlich jedes Mahl nehmen. Versuchen Sie es einmal mit Sesam-, Haselnuss-, Kichererbsen-, Teff-, Quinoa-, Amaranth-, Hirse oder Kokosmehl. Der Teig soll jeweils kompakt, jedoch nicht trocken sein.

KÖRNERKNÄCKEBROT

mit gekochtem Ei, Rotkohl, Paprika & Rucola

100 g Mehl, z. B. Quinoa-
  oder Kichererbsenmehl
70 g Sesamsamen
30 g Sonnenblumenkerne
35 g Kürbiskerne
30 g Chiasamen
1 Prise Kräutersalz
250 ml kochendes Wasser
1 EL Kokosöl

Für 30–35 Stück

Den Backofen auf 175 °C vorheizen.

Die trockenen Zutaten mischen. Wasser und Kokosöl zugeben und zu einem glatten Teig verrühren. Den Teig so dünn wie möglich zwischen zwei Bogen Backpapier ausrollen. Die obere Schicht Papier abziehen, den Teig auf dem Papier auf ein Backblech legen und in Rechtecke schneiden.

Auf der mittleren Ofenschiene ca. 30–40 Minuten goldbraun backen. Vor dem Auseinanderbrechen einen Tag lang auskühlen und trocknen lassen.

Mit gekochtem Ei und Mayonnaise und frisch geraspeltem Rotkohl, Paprika und ein paar Rucolablättern servieren. Das Rezept für die Mayonnaise finden Sie auf Seite 123.

Tipp Versuchen Sie es auch einmal mit Buchweizen-, Mandel-, Sesam-, Haselnuss-, Teff-, Amaranth- oder Hirsemehl. Man kann auch eine Mischung aus mehreren Sorten verwenden. Auch die Samen lassen sich variieren, solange Sie sich an das oben angegebene Verhältnis von 100 g Mehl, 165 g Samen, 250 ml Wasser, Salz und 1 EL Kokosöl halten.

HASELNUSSBROT

mit Teffmehl & Buchweizenflocken

50 g helles Teffmehl
50 g Haselnussmehl
¾ EL Flohsamenschalen-
   pulver
1 EL Backpulver
65 g Leinsamenschrot
1 Prise Kräutersalz
2 Eier
200 ml Nussmilch
1 EL Kokosöl, Raum-
   temperatur

Buchweizenflocken zum
   Bestreuen

Für 1 Brot

Den Backofen auf 200 °C vorheizen.

Die trockenen Zutaten mischen. Ei, Nussmilch und Kokosöl zugeben und gut verrühren.

Eine 1,5-l-Backform mit Backpapier auskleiden und den Teig
hineingeben. Mit Buchweizenflocken bestreuen.

Ca. 50-60 Minuten auf der mittleren Ofenschiene goldbraun
backen. Die Kruste sollte schön knusprig sein.

Vor dem Servieren gut auskühlen lassen.

 *Tipp* Haselnussmehl und Teffmehl gibt es im Naturkostladen. Sie können es auch selbst
herstellen, entweder in einer Mandelmühle oder im Mixer. Versuchen Sie es statt des
Teffmehls auch einmal mit Buchweizen-, Mandel-, Sesam- oder Hirsemehl.

MOHRRÜBENBROT

mit Aprikosenkonfitüre

....

Brot

110 g Kichererbsenmehl

110 g Haselnussmehl

1 EL Flohsamenschalen-
   pulver

90 g Samen, etwa Sonnen-
   blumen- oder Kürbiskerne

1 TL Backpulver

1 TL Soda

1 Prise Zimt

1 TL Kreuzkümmel

¼ TL Kräutersalz

2 Eier

150 ml Nussmilch

100 g fein geriebene Mohrrüben

Zum Bestreuen

Kürbiskerne

Sonnenblumenkerne

Rosinen

Sesam

Für die Konfitüre
(420 g)

100 g getrocknete, gewäs-
   serte Aprikosen

Apfelsinenschnitze

Abgeriebene Schale von
   1 Zitrone

2 EL Zitronensaft

1 Prise echtes Vanillepulver

Für 1 Brot

Den Backofen auf 200 °C vorheizen.

Die trockenen Zutaten mischen. Eier, Milch und Mohrrüben zugeben und alles zu einem dicken, glatten Teig verrühren. Den
Teig 5 Minuten quellen lassen.

Eine 1,5-l-Kastenform mit Backpapier auskleiden und den Teig
einfüllen. Glattstreichen und mit den Samen und Trocken-
früchten bestreuen.

Ca. 50-60 Minuten auf der mittleren Ofenschiene goldbraun
backen. Vor dem Servieren abkühlen lassen.

Die Aprikosen mit Wasser übergießen und mindestens 6 Stunden in den Kühlschrank stellen. Das Wasser abgießen, jedoch
nicht wegschütten – man kann es wunderbar für Smoothies,
Gebäck oder Saucen verwenden. Alle Konfitürezutaten mit
dem Mixer pürieren und nach Bedarf mit dem Zitronensaft
abschmecken.

Die Konfitüre in Gläser füllen und im Kühlschrank aufbewahren.

....

Tipp   Versuchen Sie es einmal mit Sesam-, Mandel-, Haselnuss-, Teff-, Quinoa-, Amaranth-,
Hirse oder Buchweizenmehl. Die Konfitüre bekommt mit 1 Prise Zimt und 1 TL frisch
geriebenem Ingwer den gewissen Kick!

HAGEBUTTENWECKEN

mit Sonnenblumenkernen & Pistazien

50 g Hagebuttenmehl
50 g Quinoamehl
1 Prise Kräutersalz
2 TL Backpulver
2 EL Flohsamenschalen-
    pulver
1 Prise Zimt
3 Eier
100 ml Nussmilch
1 TL Honig
2 EL Olivenöl

Zum Bestreuen
Sonnenblumenkerne
Pistazien

Für 5 Stück

Den Backofen auf 180 °C vorheizen.

Die trockenen Zutaten mischen. Ei, Nussmilch, Honig und Olivenöl zugeben und gut verrühren. Den Teig 5 Minuten gehen
lassen.

Die Hände unter kaltes Wasser halten und den Teig zu 5 Wecken formen. Die Wecken auf ein mit Backpapier ausgelegtes
Backblech legen und mit den Samen und Nüssen bestreuen.

Ca. 25–30 Minuten auf der mittleren Ofenschiene goldbraun
und knusprig backen. Vor dem Servieren abkühlen lassen.

 *Tipp*   Hagebutten sind nicht nur lecker, sondern enthalten auch sehr viel Vitamin C und sind
gesundheitsfördernd für die Haut, das Immunsystem, den Harntrakt und fördern den
Stoffwechsel. Sie finden Hagebuttenmehl im Naturkostladen.

BUCHWEIZEN-PFANNKUCHEN

mit der einfachsten & weltbesten Nussnougatcreme

....

Pfannkuchen
60 g Buchweizenmehl
½ EL Flohsamenschalen-
    pulver
1 Prise Kräutersalz
1 Prise echtes Vanillepulver
2 Eier
250 ml Nussmilch

Nussnougatcreme
1 EL Haselnussbutter
1 EL Kokosöl
1 TL Kakaopulver
1½ TL Agavensirup

Garnierungsvorschlag
Kiwi
Walnüsse
Frische Feigen
Granatapfelkerne

Für 5 Pfannkuchen

Die trockenen Zutaten mischen. Eier und Milch dazugeben und alles zu einem dünnen, gleichmäßigen Teig verrühren. Etwa 15 Minuten gehen lassen.

Eine Bratpfanne auf höchster Kochstufe erhitzen, etwas Kokosöl hineingeben und auf mittlere Temperatur herunterschalten. Die Pfannkuchen darin auf beiden Seiten goldbraun backen. Wenn der Teig zu dick ist, etwas Wasser zugeben.

Die Zutaten für die Nougatcreme in einer Kasserolle erwärmen und zu einer glatten Paste verrühren.

Die Pfannkuchen schmecken besonders lecker, wenn man sie mit der noch warmen Nougatcreme bestreicht. Mit Früchten oder Nüssen bestreut servieren.

....

Tipp Agavensirup ist ein flüssiges Süßungsmittel, das aus der Agavenpflanze gewonnen wird. Der Sirup ist ca. 25 Prozent süßer als Zucker und schmeckt leicht nach Karamell. Sie finden Agavensirup im Naturkostladen oder im Internet.

CHIAPFANNKUCHEN

mit frischen Beeren und Kokosraspeln

2 EL Chiasamen
100 ml Nussmilch
1 Prise Kräutersalz
1 Prise echtes Vanillepulver
2 Eier
25 g grobes Mandelmehl
1 TL Backpulver
1 TL Flohsamenschalen-
    pulver
Kokosöl zum Ausbacken

Garnierungsvorschlag
Mandelbutter
Beeren
Kokosflocken
Pistazien

Für ca. 5 Pfannkuchen (10 x 10 cm)

Chiasamen, Nussmilch, Salz und Vanillepulver gut verrühren, damit die Samen nicht alle oben schwimmen. Für einige Stunden (oder über Nacht) in den Kühlschrank stellen, bis die Mischung eine puddingartige Konsistenz hat.

Eier, Mandelmehl, Backpulver und Flohsamenschalenpulver dazugeben und alles zu einem glatten Teig verrühren. 10–15 Minuten gehen lassen. Dann in der Pfanne auf mittlerer Kochstufe auf beiden Seiten goldbraun ausbacken.

Nach Belieben mit Mandelbutter, Beeren, Kokosflocken oder Pistazien servieren.

Tipp

Wenn der Teig zu dickflüssig ist, können Sie nach Belieben etwas Wasser einrühren.

KNUSPRIGE WAFFELN

mit Pistaziencreme & frischen Beeren

Waffeln
3 Eier
200 ml fette Kokosmilch
150 ml Wasser
2 EL Mandelbutter
75 ml Kokosöl
75 g Quinoamehl
1 ½ TL Flohsamenschalen-
    pulver
2 TL Backpulver
1 Prise Kräutersalz

Pistaziencreme (250 ml)
70 g geschälte ungesalzene
    Pistazien
110 g ungesüßtes Apfelmus
1 EL Zitronen- oder Limetten-
    saft
½ Banane
50 ml Wasser

Für ca. 8 Waffeln

Eier, Kokosmilch, Wasser und Mandelbutter zu einer glatten Masse verrühren.

Das Kokosöl im Wasserbad schmelzen und in die Mandelmasse geben. Die trockenen Zutaten zugeben und alles zu einem dicken, cremigen Teig verrühren. 5–10 Minuten gehen lassen.

Ein Waffeleisen erhitzen und mit Kokosöl einfetten. Die Waffeln darin goldbraun backen.

Die Zutaten für die Pistaziencreme im Mixer zu einer glatten, geschmeidigen Creme pürieren.

Die fertigen Waffeln im ca. 150 °C heißen Backofen warm halten, während Sie die restlichen Waffeln backen.

Tipp — Man kann statt der Mandelbutter auch Haselnuss-, Erdnuss-, Hirse- Pistazien-, oder Sonnenblumenkernbutter verwenden. Testen Sie sich doch einfach einmal durch die komplette Geschmackspalette!

KICHERERBSENFLINSEN

mit Äpfeln & gerösteten Mandeln

Flinsen
75 g Kichererbsenmehl
4 Eier, Zimmertemperatur
1 TL Backpulver
250 ml Nussmilch
1 EL Agavensirup
1 Prise Kräutersalz
1 Prise Kardamom
2 Prisen Zimt

1–2 Äpfel
Kokosöl zum Ausbacken

Geröstete Mandeln
30 g süße Mandeln
etwas Meersalz

Für 20–25 Stück

Alle Zutaten für die Flinsen zu einem glatten Teig verrühren. Nach Belieben kann man den Teig vor dem Ausbacken noch 20–25 Minuten gehen lassen, dann werden die Flinsen noch besser.

In der Zwischenzeit die Kerngehäuse der Äpfel entfernen, dann in dünne Scheiben schneiden.

Die Mandeln hacken und mit einer Prise Meersalz in der trockenen Pfanne goldbraun rösten. Beiseitestellen.

Den Teig in mehreren kleinen Portionen in die heiße Pfanne geben und vor dem Wenden mit einigen Apfelscheiben belegen. Bei mittlerer Temperatur auf beiden Seiten goldbraun backen.

Mit gerösteten Mandeln bestreut servieren.

Tipp Lassen Sie den Agavensirup weg, und servieren Sie die Flinsen mit Avocado, gehackter roter Zwiebel, Dill und Zitronensaft als kalte Häppchen.

BLAUBEER-
PFANNKUCHEN
mit Quinoamehl

....

75 g Quinoamehl
1 Prise echtes Vanillepulver
1 Prise Kräutersalz
1 TL Backpulver
1 TL Flohsamenschalen-
   pulver
1 Ei
150 ml Nussmilch
70 g Blaubeeren
Kokosöl zum Ausbacken

Garnierung
Blaubeeren
Agavensirup

Für 7 Pfannkuchen (ca. 10 x 10 cm)

Die trockenen Zutaten mischen. Ei und Nussmilch dazugeben und zu einem gleichmäßigen Teig verrühren. 5 Minuten gehen lassen, dann die Blaubeeren dazugeben.

Eine Bratpanne auf höchster Kochstufe erhitzen, etwas Kokosöl hineingeben und den Herd auf mittlere Temperatur herunterschalten. Die Pfannkuchen auf beiden Seiten goldbraun backen. Wenn der Teig zu dick ist, etwas Wasser hinzufügen.

Mit frischen Blaubeeren und Agavensirup servieren.

....

Tipp   Versuchen Sie es einmal mit Buchweizen-, Kichererbsen- oder Nussmehl. Alternativen zum Ei finden Sie auf Seite 11.

NUSSMILCH

mit Datteln & Zimt

130 g Haselnüsse
500 ml Wasser
2 Datteln, entsteint, nach
   Belieben
1 Prise Zimt, nach Belieben

Für ca. 400 ml Nussmilch

Nüsse, Datteln und Zimt mit der Hälfte des Wassers im Mixer pürieren. Dann das restliche Wasser zugeben und 2–3 Stunden in den Kühlschrank stellen. Durch ein Tuch abseihen.

Die Nussmilch in eine Glasflasche füllen und innerhalb von 2–3 Tagen verbrauchen.

Man kann Datteln und Zimt auch ganz weglassen oder stattdessen einen anderen Geschmackszusatz verwenden, beispielsweise Vanille oder Kardamom.

Tipp   Dieses Grundrezept gilt für alle Nuss- oder Samensorten, zum Beispiel Cashewkerne, Pistazien, Sonnenblumenkerne – Sie können sogar Buchweizenflocken verwenden!

BLAUBEER-HIMBEER-SUPPE

1 EL Kartoffelmehl
50 ml Wasser
70 g Blaubeeren
70 g Himbeeren
2 EL Kokoszucker
1 Prise echtes Vanillepulver
1 EL Zitronensaft

Für 2 Portionen

Das Kartoffelmehl in einer Kasserolle mit dem kalten Wasser verquirlen, dann die restlichen Zutaten zugeben. Unter Rühren erhitzen, bis die Suppe etwas abgebunden hat. Wenn die Suppe zu dick ist, etwas Wasser hinzufügen. Ist sie zu dünn, mehr Kartoffelmehl zugeben, doch dies zuerst in kaltem Wasser anrühren, damit die Suppe nicht klumpig wird.

HAGEBUTTEN-SUPPE

7,5 g Kartoffelmehl
400 ml Wasser
50 ml Hagebuttenmehl
2 EL Kokoszucker
1 EL Zitronensaft
1 Prise echtes Vanillepulver

Für 2 Portionen

Die Suppe zubereiten wie im nebenstehenden Rezept beschrieben.

 *Tipp* Kokoszucker wird aus dem Blütennektar der Kokospalme gewonnen. Er schmeckt leicht fruchtig und hat eine ähnliche Konsistenz wie Rohrzucker. Servieren Sie die Suppen mit Kokoscreme und trocken in der Pfanne gerösteten Nüssen.

SCHOKOSMOOTHIE

mit Kakaonibs & Proteinpulver

....

1 TL Reisprotein
200 ml Nussmilch
1 TL Rohkakaopulver
1 kleine Banane
½ Avocado
1 TL Zitronensaft
Kakaonibs zum Garnieren

Für den
Extra-Geschmack
1 TL Carobpulver
1 TL Macapulver

Für 1 Glas

Alle Zutaten außer den Kakaonibs im Mixer pürieren. Nach Belieben Carob- und Macapulver zugeben. Abschmecken.

In ein Glas gießen und mit Kakaonibs bestreuen.

....

Tipp   Im Unterschied zu Kakao werden die Bohnen für Rohkakao nicht über 40°C erhitzt. Dadurch schmeckt das Pulver noch intensiver nach Schokolade. Reisprotein gibt es im Naturkostladen oder im Internet. Carob ist mit Kakao verwandt, schmeckt aber ein wenig fruchtiger. Es ist sehr nährstoffreich und beruhigt den Magen.

BEERENSMOOTHIE

mit Früchtegarnierung & Nesselpulver

70 g Blaubeeren
70 g Himbeeren
100 ml fette Kokosmilch
100 ml Wasser
1 TL Nesselpulver
1 TL Agavensirup
1 TL Zitronensaft
1 EL Erbsenprotein

Garnierungsvorschlag
Brombeeren
Preiselbeeren
Sanddorn
Heidelbeeren
Rote Johannisbeeren
Pistazien
Blütenpollen

Für 1–2 Portionen

Alle Zutaten im Mixer pürieren. Sie können frische oder tiefge-
kühlte Beeren verwenden.

In ein Glas gießen und mit frischen Beeren, Pistazien und Blütenpollen bestreuen.

Tipp   Nesselpulver ist vitamin- und mineralstoffreich. Es lohnt sich, Smoothies, Säfte oder
Kompotts ab und zu mit einem Löffel Nesselpulver aufzupeppen. Blütenpollen sind
sehr reich an Aminosäuren und ein beliebtes Nahrungsergänzungsmittel zur Stärkung
des Allgemeinbefindens und des Stoffwechsels.

MANGOSMOOTHIE

mit Erdbeeren, Chili & Ingwer

....

140 g frische Mango, gehackt
150 ml Wasser
1 EL frisch geriebener Ingwer
½ TL fein gehackte rote Chili
60 g frische Erdbeeren,
    gehackt

Für 1 Glas

Alle Zutaten außer den Erdbeeren im Mixer pürieren. Die Erdbeeren separat pürieren.

Den Mangosmoothie abwechselnd mit der Erdbeercreme in
ein Glas geben.

....

Tipp   Ingwer wird schon seit Jahrtausenden als Heil- und Gewürzpflanze geschätzt. Er hat
entzündungshemmende Eigenschaften und wirkt magenschonend.

ERDBEERSMOOTHIE

mit Zimt & Zitrone

....

100 g tiefgefrorene
   Erdbeeren
100 ml fette Kokosmilch
100 ml Wasser
Abgeriebene Schale
   einer ½ Zitrone
1 Prise Zimt
½ EL Erbsenprotein

Für 1 Glas

Alle Zutaten im Mixer pürieren, abschmecken und wenn nötig
mehr Wasser zugeben.

In ein Glas füllen und mit geriebener Zitronenschale garnieren.

....

Tipp Wenn Sie das Wasser weglassen und nur die halbe Menge Kokosmilch verwenden,
bekommt das Ganze eine wunderbar cremige, an Softeis erinnernde Konsistenz. Erbsenprotein ist ein Nahrungsmittelzusatz, den es im Naturkostladen und im Internet zu
kaufen gibt.

HIMBEERSMOOTHIE

mit frischer Minze

....

½ Banane
100 g Himbeeren
200 ml Nussmilch
1 Prise echtes Vanillepulver
frische Minze
1 TL Reisprotein

Für 1 großes Glas

Alle Zutaten im Mixer pürieren und nach Belieben Wasser zugeben.

Trinken und genießen!

....

 *Tipp*   Wenn Sie die Nussmilch weglassen und tiefgekühlte Himbeeren und eine Banane ver-
wenden, wird daraus ein leckerer Softeissmoothie. Reisprotein ist ein Nahrungsmittel-
zusatz, den es im Naturkostladen und im Internet zu kaufen gibt.

VANILLEMÜSLI

mit gerösteten Nüssen & Flocken

55 g Walnüsse
30 g Haselnüsse
65 g Pistazien
30 g Sonnenblumenkerne
20 g Buchweizenflocken
25 g Hirseflocken
30 g Kokosflocken
30 g Chiasamen
1 Prise echtes Vanillepulver
1 Prise Meersalz
1 EL zerlassenes Kokosöl
1 TL Agavensirup

Für ca. 250 g

Den Backofen auf 150 °C vorheizen.

Die Nüsse grob hacken und mit den restlichen trockenen Zutaten mischen. Kokosöl und Agavensirup in einer Kasserolle erwärmen, über die Müslimischung gießen und gründlich mischen.

Das Müsli auf ein Backblech geben und auf der mittleren Ofenschiene ca. 30 Minuten rösten, dabei 2–3 Mal umrühren.

Das abgekühlte Müsli in einem luftdicht verschließbaren Glasgefäß aufbewahren.

Tipp Natürlich können Sie die Nuss- und Flockensorten verwenden, die Sie selbst am liebsten mögen und dem fertigen Müsli je nach Belieben noch getrocknete Früchte, Hagebuttenmehl oder Kakaopulver zusetzen.

FRÜHSTÜCKSSALAT

mit gedünstetem Gemüse

Salat
20 g Paprika in Streifen
4 Zucchinistücke, ca. 5 x 3 cm
1 TL Kokosöl zum Dünsten
1 Handvoll Salat, z. B. Baby-
    spinat oder Rucola
½ Avocado, in Würfeln
2 Kirschtomaten

Garnierung
25 g Brokkoliröschen
50–100 g Hummus

Dressing
1 TL Olivenöl
1 TL Zitronensaft
1 Prise Kräutersalz

Für 1 Portion

Paprika und Zucchini in dem Kokosöl goldgelb dünsten. Mit Salat, Avocadowürfeln und den halbierten Kirschtomaten in eine Schüssel geben und mit dem Dressing beträufeln. Gut mischen und auf einem Teller anrichten. Mit Brokkoliröschen bestreuen und den Hummus darauf anrichten.

Das Rezept für den Hummus finden Sie auf Seite 108.

Tipp   Brokkoli ist reich an Sulforaphan, einem zellstärkenden Antioxidant – mit anderen Worten: Brokkoli ist ein regelrechtes Superfood!

BUCHWEIZENGRÜTZE

mit Erdbeeren, Bananen & Blaubeeren

....

75 g Buchweizen
350 ml Wasser
1 Prise echtes Vanillepulver
1 Prise Zimt
1 Prise Kräutersalz

Garnierungsvorschlag
Erdbeeren
Bananen
Blaubeeren
getrocknete oder frische
   Feigen
Kürbiskerne
Sonnenblumenkerne

Für 2 Portionen

Den Buchweizen zuerst in heißem, dann in kaltem Wasser spülen.

Das Wasser zum Kochen bringen. Buchweizen, Salz, Vanille und Zimt zugeben und 10–15 Minuten bei schwacher Hitze ziehen lassen. Gelegentlich umrühren.

Die Grütze nach dem Kochen noch etwas stehen lassen. Mit frischen Früchten und, nach Belieben, etwas Nussmilch servieren und mit Kürbis- und Sonnenblumenkernen bestreuen.

....

Tipp   Buchweizen ist reich an Proteinen und Mineralstoffen und besonders magenfreundlich.

HIMBEERGRÜTZE

mit Kokosraspeln & Vanille

1 TL Kartoffelmehl
75 ml Wasser
70 g Himbeeren
20 g Haselnussmehl
10 g Kokosraspeln
1 Prise Kräutersalz
1 Prise echtes Vanillepulver

Garnierungsvorschlag
Gehackte Früchte
Nüsse
Samen
Blütenpollen
Mandelmilch

Für 1 Portion

Das Kartoffelmehl mit kaltem Wasser in einem Topf anrühren. Die restlichen Zutaten zugeben und alles aufkochen lassen. 10–15 Minuten unter gelegentlichem Rühren ziehen lassen, bis die Grütze die gewünschte Konsistenz hat.

Mit gehackten Früchten, Nüssen, Samen, Blütenpollen und Mandelmilch servieren.

Tipp — Statt des Haselnussmehls kann man auch andere Mehlsorten verwenden, zum Beispiel Mandelmehl. Wer keine Himbeeren mag, nimmt andere Früchte. Noch sättigender wird die Grütze, wenn Sie ein Ei hineinschlagen.

CHIAPUDDING

mit Haselnussbutter & Beeren

Pudding
4 ½ EL Chiasamen
200 ml Wasser
1 Prise echtes Vanillepulver
1 Prise Kräutersalz
1 TL Agavensirup
75 ml fette Kokosmilch

Garnierung
Haselnussbutter
Himbeeren
Blaubeeren
Kiwi
Rote Johannisbeeren
Sanddorn

Für 1–2 Portionen

Alle Zutaten außer der Kokosmilch in einem verschließbaren Behälter gut schütteln, damit die Chiasamen nicht alle oben schwimmen.

Den Deckel schließen und die Mischung für etwa 3 Stunden (oder über Nacht) in den Kühlschrank stellen, bis sie eine puddingartige Konsistenz angenommen hat. Die Kokosmilch zugeben und zu einer glatten Creme verrühren. Die Konsistenz der Creme richtet sich danach, ob Sie mehr oder weniger Kokosmilch verwenden.

Je nach Belieben mit frischen Früchten und Nussmilch servieren. Das Rezept für die Nussmilch finden Sie auf Seite 46.

Tipp Chiasamen sind eine der besten Quellen für Omega-3-Fettsäuren. Sie sind außerdem reich an Proteinen, Kohlehydraten, Antioxidantien und Ballaststoffen. Man kann sie in Gebäck, Pfannkuchen, Kakao, als Garnierung oder in Smoothies verwenden. Wenn Sie die Samen nicht vorher aufquellen lassen, denken Sie daran, nach dem Verzehr besonders viel Wasser zu trinken. Dieser Pudding ist auch ein leckeres Dessert.

KOKOSGRÜTZE

mit Hirseflocken & Beeren

50 g Hirseflocken
200 ml Wasser
20 g Kokosflocken
1 Prise echtes Vanillepulver
1 Prise Kräutersalz

Garnierungsvorschlag
Kokosflocken
Blaubeeren
Preiselbeeren

Für 1 Portion

Alle Zutaten zusammen aufkochen und bis zur gewünschten Konsistenz der Grütze auf schwacher Hitze ziehen lassen.

Mit Kokosflocken, Beeren oder Nussmilch, beispielsweise Haselnuss- oder Reismilch servieren.

Tipp Hirseflocken sind reich an Proteinen und Ballaststoffen und sehr magenfreundlich. Sie sind einfach zu verarbeiten und dazu noch unglaublich lecker. Sie schmecken im Brot, als Zutat im Müsli und sind geeignet zum Binden für Saucen und Suppen. Man findet sie in Naturkostladen und gut sortierten Lebensmittelgeschäften.

QUINOAGRÜTZE

in Kokoswasser gekocht

75 g rote Quinoa
200 ml Kokoswasser
1 Prise Zimt
1 Prise Kräutersalz

Garnierungsvorschlag
Bananen
Beeren
Kürbiskerne
Weintrauben
Mandeln
Maracuja

Für 1–2 Portionen

Die Quinoa in handwarmem Wasser spülen. Das Kokoswasser aufkochen lassen. Quinoa und Zimt zugeben, Deckel auflegen und 15 Minuten ziehen lassen. Salz zugeben und nochmals 15 Minuten ziehen lassen, bis die Quinoa alle Flüssigkeit aufgenommen hat.

Mit Früchten, Beeren oder Nussmilch, beispielsweise Haselnuss- oder Reismilch servieren.

Tipp Kokoswasser gibt es in gut sortierten Lebensmittelgeschäften oder im Naturkostladen. Es ist sehr nahrhaft und wird gern „das Sportgetränk der Natur" genannt. Man kann natürlich auch Leitungswasser verwenden. Quinoa ist sehr proteinhaltig. Daneben enthält es lebenswichtige Fettsäuren, Mineralstoffe und Vitamine. Es schmeckt auch gut in Salaten, Bratlingen und Saucen.

BLAUBEERGRÜTZE

mit Chiasamen & Nussbutter

5 EL Chiasamen
200 ml Nussmilch
70 g frische oder tief-
gekühlte Blaubeeren
1 Prise echtes Vanillepulver
½ EL Agavensirup (nach
Belieben)
1 Prise Kräutersalz

Garnierungsvorschlag
Kürbiskerne
Erdnussbutter
Blaubeeren
Blütenpollen

Für 1–2 Portionen

Alle Zutaten außer der Kokosmilch in einem verschließbaren
Behälter gut schütteln, sodass die Chiasamen nicht alle oben
schwimmen. Den Deckel schließen und die Mischung für etwa
3 Stunden (oder über Nacht) in den Kühlschrank stellen, bis
die Grütze eine puddingartige Konsistenz angenommen hat.

Je nach Geschmack mit Früchten und Nussmilch, Nussbutter
oder Blütenpollen servieren.

Tipp Man kann die Grütze auch am Abend zuvor anrühren, dann ist sie zum Frühstück fertig.
Wunderbar geeignet ist sie auch als Zwischenmahlzeit am Arbeitsplatz.

NUSSBUTTER

wohlschmeckend & wunderbar cremig

Haselnussbutter mit
Schoko-Geschmack
130 g Haselnüsse
2 TL Rohkakaopulver
3 Datteln, entsteint
2 EL Kokosöl

Mandelbutter mit Karda-
mom und Blaubeeren
130 g süße Mandeln
1 Prise Kardamom
100 g Blaubeeren

Erdnussbutter
140 g Erdnüsse
½ TL Meersalz

Pistazienbutter
200 g Pistazien

Cashewbutter mit
Himbeeren und Vanille
100 g Cashewkerne
100 g Himbeeren
1 Prise echtes Vanillepulver

Für jeweils ca. 200 g Nussbutter

Gehen Sie bei allen Buttersorten wie folgt vor:

Die Nüsse in der Küchenmaschine auf höchster Stufe zu einer möglichst feinen Creme pürieren. Das dauert je nach Nussart und Maschine zwischen 10 und 20 Minuten. Danach, wenn bei den Zutaten angegeben, weitere Zutaten zugeben und noch-mals mixen.

Die Nussbutter hält sich in einem verschließbaren Glasbehälter im Kühlschrank etwa eine Woche lang frisch.

Natürlich kann man auch jede einzelne Nussbutter ohne jeden Geschmackszusatz zubereiten.

Tipp Nussbutter ist ganz einfach zuzubereiten und schmeckt fantastisch in Pfannkuchen, Smoothies, auf Brot, in Gebäck und Eiscreme – und natürlich direkt aus dem Glas! Man kann auch aus Sonnenblumenkernen, Leinsamen, Hanfsamen und Kürbiskernen leckere Butter zubereiten.

CHIAKONFITÜRE

mit Blaubeeren, Himbeeren & Mango

. . . .

Basis
3 ½ EL Chiasamen
150 ml Wasser

Blaubeeren
100 g Blaubeeren
1 Prise Kardamom
1 Prise echtes Vanillepulver
1 TL Zitronensaft
1 TL Agavensirup

Himbeeren
100 g Himbeeren
1 Prise echtes Vanillepulver
1 TL Zitronensaft
1 TL Agavensirup

Mango
100 g Mango
Abgeriebene Schale einer
    ½ Limette
1 Prise echtes Vanillepulver
1 TL Zitronensaft
1 TL Agavensirup

Für jeweils ca. 150 g Konfitüre

Die Chiasamen mit dem Wasser mischen, damit die Samen nicht alle oben schwimmen. 5–10 Minuten quellen lassen.

Wenn sich ein dickes Gelee gebildet hat, dieses auf 3 Schüsseln verteilen und die Zutaten der jeweiligen Geschmacksrichtung zugeben. Mit dem Stabmixer oder im Mixer gut verrühren.

Die Konfitüre auf Glasgefäße verteilen und vor dem Verwenden noch eine kleine Weile stehen lassen. Sie hält sich gekühlt etwa 1 Woche.

Schmeckt lecker auf Toast, Knäckebrot, in Grütze oder pur!

. . . .

Tipp Chiasamen regulieren den Blutzuckerspiegel, stärken die Ausdauer und die Abwehrkräfte – sie sind einfach rundum gesund!

CREMIGER BROTAUFSTRICH
aus Cashewkernen

....

Mit Tomaten und Oregano

90 g Cashewkerne
3 sonnengetrocknete Tomaten, abgetropft
50 g Nährhefe
25 ml Wasser
¾ TL Kräutersalz
1 kleine Knoblauchzehe
1 Prise Cayennepfeffer
1 Prise Kurkuma
½ TL Honig
1 EL Zitronensaft
50 ml Kokosöl, Zimmertemperatur
1 TL Oregano + 2 EL zum Garnieren

Für ca. 250 g Aufstrich

Die Cashewkerne in eine Schüssel geben und mit Wasser übergießen, sodass sie ganz bedeckt sind. Zugedeckt über Nacht in den Kühlschrank stellen. Am nächsten Morgen das Wasser abgießen.

Alle Zutaten auf der höchsten Stufe im Mixer 2–3 Minuten zu einer glatten Creme pürieren. Die Creme dabei mit einem Gummispachtel von den Wänden des Gefäßes nach unten schieben.

Die Creme auf ein Stück Backpapier geben und zu einer Rolle formen. Über Nacht in den Kühlschrank stellen.

Das Backpapier abziehen und die Rolle in 2 EL Oregano hin- und herrollen, bis sie ganz bedeckt ist.

Mit Koriander und Zitrone

125 g Cashewkerne
75 g Nährhefe
1 EL Zitronensaft
1 TL Kräutersalz
½ TL Thymian
½ TL Basilikum
½ TL Koriander
25 ml Wasser
3 EL ganze geschälte weiße Sesamsamen

Für ca. 200 g Aufstrich

Alle Zutaten außer den Sesamsamen auf der höchsten Stufe im Mixer 2–3 Minuten zu einer glatten Creme pürieren. Die Creme dabei mit einem Gummispachtel von den Wänden des Gefäßes nach unten schieben.

Die Hände in kaltem Wasser abspülen und die Creme zu einer Rolle formen. In Backpapier wickeln und über Nacht in den Kühlschrank stellen.

Das Backpapier abziehen und die Rolle in 2 EL Sesam hin- und herrollen, bis sie ganz bedeckt ist.

....

Tipp Der Aufstrich hält sich im Kühlschrank etwa eine Woche lang, man kann ihn aber auch einfrieren. Nährhefe gibt es im Naturkostladen oder im Internet. Der Aufstrich schmeckt auf Brot und Knäckebrot, auf Grillgut oder als Geschmacksverstärker in Saucen und Vinaigrette.

MITTAG-
&
ABENDESSEN

CHILI-LIMETTEN-BURGER

auf Cashewnussbutter-Brötchen

Brötchen
3 Eier
½ TL Kräutersalz
150 g Cashewnussbutter
1 TL Apfelessig
2 Eiweiße
1 TL Flohsamenschalenpulver
2 TL Backpulver
Kokosöl zum Einfetten
Geschälte weiße Sesamsamen
    zum Bestreuen

Dressing (ca. 100 ml)
1 EL fette Kokosmilch
4 EL Tomatenmark
1 kleine Knoblauchzehe,
    gepresst
¼ TL Meersalz
1 Prise Cayennepfeffer
1 EL Agavensirup
1 TL Limettensaft

Burger
280 g Sojabohnen, gekocht
160 g schwarze Linsen, gekocht
1 Knoblauchzehe
1½–2 TL Meersalz
3 cm rote Chili, gehackt
50 ml Wasser
Abgeriebene Schale von
    1 Limette
1 TL Limettensaft
1½ TL Flohsamenschalenpulver

Für 6 Burger

Den Backofen auf 175 °C vorheizen und gleichzeitig eine Schale mit Wasser auf den Boden des Ofens stellen, damit die Brötchen eine feine Kruste bekommen.

3 Eier, Salz und Cashewnussbutter verrühren, dann nacheinander Apfelessig, Flohsamenschalenpulver und Backpulver zugeben. Die Eiweiße steif schlagen und unter den Teig heben. Den Teig auf 6 gut eingefettete Muffinformen verteilen. Die Oberfläche glattstreichen und mit Sesam bestreuen.

Die Brötchen 18–20 Minuten goldbraun backen und in den Förmchen etwas abkühlen lassen.

Für das Dressing alle Zutaten vermischen und in den Kühlschrank stellen.

Alle Zutaten außer den Flohsamenschalenpulver für die Burger im Mixer zu einem glatten Teig verarbeiten. Flohsamenschalenpulver zugeben, nochmals mixen und 5–10 Minuten ruhen lassen.

Die Hände in kaltem Wasser abspülen und den Teig zu 6 Bratlingen formen. Bei mittlerer Temperatur in der Pfanne in reichlich Kokosöl auf beiden Seiten goldbraun braten. Die Burger auf den Brötchen mit Salat, Dressing und frischem Gemüse anrichten, zum Beispiel mit Gurken, roten Zwiebeln, Paprika oder Rucola.

Tipp Sie können statt der Cashewnussbutter auch eine andere cremige Butter verwenden, beispielsweise aus Sesam, Sonnenblumenkernen, Mandeln, Kürbissen oder Erdnüssen. Auch der Avocado-Dip von Seite 117 schmeckt ausgezeichnet zu diesen Burgern. Versuchen Sie es auch einmal mit Kichererbsen oder Mungobohnen statt den Sojabohnen.

SÜSSKARTOFFELPOMMES

mit cremiger Quinoa-Basilikum-Sauce

Süßkartoffelpommes
1 mittelgroße Süßkartoffel
1 Prise Cayennepfeffer
1 Prise Paprikapulver
½ TL Kräutersalz
½ TL Knoblauchpulver

Basilikumcreme
(für 200 ml)
40 g weiße Quinoa
100 ml Wasser
1 Avocado
½ Bund frisches Basilikum
1 EL Zitronensaft
1 Prise Kräutersalz
1 Prise schwarzer Pfeffer
1 TL Agavensirup

Für 1–2 Portionen

Den Backofen auf 225 °C vorheizen.

Die Süßkartoffel gut mit der Wurzelbürste schrubben, wenn Sie die Schale mitessen wollen, sonst schälen. In Stäbchen schneiden und auf einem mit Backpapier ausgelegtem Backblech in den Kräutern und Gewürzen wenden.

Etwa 30–40 Minuten goldbraun backen, bis die Pommes außen etwas knusprig geworden sind.

Inzwischen das Quinoa 10 Minuten in dem Wasser kochen, dann quellen lassen. Mit den restlichen Zutaten zu einem Dip verrühren, abschmecken und servieren.

Tipp

Süßkartoffeln haben entzündungshemmende Eigenschaften. Sie schmecken wunderbar als Püree, außerdem in Bratlingen oder Suppen. Man kann daraus sogar Brot und Kuchen backen!

PIZZA
mit Gemüse und Tomatensauce

Tomatensauce
1 kleine Zwiebel, fein gehackt
1–2 Knoblauchzehen,
    zerdrückt
1 EL Kokosöl
200 g gehackte Tomaten
100 g Tomatenmark
2 EL Agavensirup
1 TL Kräutersalz
1 Prise Cayennepfeffer
1–2 EL Oregano, frisch oder
    getrocknet

Pizza
70 g weiße Sesamsamen,
    geschält
75 g helles Teffmehl
1 EL Flohsamenschalen-
    pulver
1 TL Backpulver
½ TL Kräutersalz
3 Eier
100 ml Nussmilch

Für 1 Backblech oder 2 mittelgroße Pizzen

Den Backofen auf 225 °C vorheizen.

Zwiebel und Knoblauch in dem Kokosöl glasig dünsten. Tomaten, Tomatenmark, Agavensirup und Kräuter zugeben und
zu einer Sauce einkochen. Gelegentlich umrühren. Abkühlen
lassen.

Alle trockenen Zutaten für die Pizza mischen, dann im Mixer
mit Nussmilch und Eiern zu einem glatten Teig verarbeiten.
5 Minuten gehen lassen.

Den Teig auf einem mit Backpapier ausgelegten Backblech
ausstreichen oder zu 2 runden Pizzen formen. Auf der mittleren Schiene 10–12 Minuten goldbraun backen.

Die Pizza aus dem Ofen nehmen. Mit der Tomatensauce und
Gemüse belegen und nochmals 10–15 Minuten backen.

Experimentieren Sie auch einmal mit Bohnenpaste, Zwiebeln,
Knoblauch, Bananen, Ananas, Curry, Sesam – Ihrer Fantasie
sind hier keine Grenzen gesetzt!

Tipp Pizzateig kann man außer aus hellem Teffmehl auch aus Buchweizen-, Quinoa- oder
Kichererbsenmehl herstellen. Ich persönlich nehme gern eine Mischung aus mehreren
Sorten. Versuch macht klug!

MEHRKORNKLÖSSCHEN
mit Orangensalat & Walnüssen

....

Klößchen
5 EL Sonnenblumenkerne
2 EL Kokosöl, Zimmer-
    temperatur
2 EL Nussbutter. z. B. aus
    Mandeln oder Pistazien
1 Knoblauchzehe
1 TL Chiasamen
1 TL Flohsamenschalen-
    pulver
¼ TL Kräutersalz
¾ TL Kreuzkümmel
1½ EL Zitronensaft
1 TL Agavensirup

Kürbiskerne zum Bestreuen
Kokosöl zum Braten

Salat
2 Handvoll gemischter Salat,
    z. B. Rucola oder Baby-
    spinat
2 Kirschtomaten
¼ rote Zwiebel
1–2 EL Granatapfelkerne
½ Apfelsine, filetiert
4–5 Walnüsse

Dressing
1 TL Olivenöl
1 TL Zitronensaft
1 Prise Kräutersalz

Für 1 Portion Salat mit 5 Klößchen

Die Sonnenblumenkerne im Mixer zu grobem Mehl zerkleinern. Die restlichen Zutaten zugeben und zu einem glatten
Teig verarbeiten. 20 Minuten quellen lassen, dann nochmals
mixen.

Die Hände unter kaltem Wasser abspülen und den Teig zu
5 Klößchen formen. Die Klößchen in Kürbiskernen wenden
und etwa 20 Minuten in den Kühlschrank stellen.

Dann die Klößchen bei mittlerer Temperatur in etwas Kokosöl
goldbraun braten. Sie sollten vor dem Wenden bereits etwas
Farbe haben, da die Kürbiskerne sonst leicht abfallen.

Auf dem Salat mit dem Dressing anrichten und servieren.

....

Tipp Die Klößchen schmecken übrigens auch ungebraten wunderbar! Statt der Nussbutter kann man auch einfach 2 EL Sonnenblumenkerne mehr nehmen und
diese statt zu grobem Mehl zu einer butterartigen Konsistenz verarbeiten.

FALAFELBÄLLCHEN

mit Fladenbrot & Tomatendressing

Fladenbrot
1 EL weiße Sesamsamen, geschält
15 g Quinoamehl
12,5 g Flohsamenschalenpulver
½ TL Backpulver
1 Prise Kurkuma
½ TL Kräutersalz
1 Ei
75 ml Nussmilch

Falafel
165 g Kichererbsen, gekocht
1 Knoblauchzehe, zerdrückt
½ Bund frische Petersilie, gehackt
1 TL Kreuzkümmel
3 EL Zitronensaft
2 EL Kokosöl, Zimmertemperatur
4 EL Kichererbsen- oder Sesammehl
½–1 TL Kräutersalz

Sesam zum Panieren
Kokosöl zum Braten

Dressing
6 EL Kokoscreme
2 TL Tomatenmark
1 Prise Kräutersalz
1 Knoblauchzehe, zerdrückt
1 TL Honig
2 TL Zitronensaft

Für 1–2 Portionen

Den Backofen auf 225 °C vorheizen.

Alle trockenen Zutaten mischen. Milch und Ei zugeben und alles zu einem glatten Teig verarbeiten. Den Teig auf einem mit Backpapier ausgelegten Backblech ausstreichen und 7–8 Minuten im Ofen backen. Auf einem Kuchenrost auskühlen lassen.

Alle Falafelzutaten mischen und 5 Minuten stehen lassen. Die Hände unter kaltem Wasser abspülen und die Falafelmasse zu insgesamt 12 Klößen formen. Die Klöße in Sesam rollen und in Kokosöl rundherum goldbraun braten. Öl nur sparsam verwenden, da sich der Sesam sonst leicht ablöst.

Das Dressing anrühren und bis zum Servieren in den Kühlschrank stellen.

Salat und Falafel auf dem Fladenbrot verteilen, mit dem Dressing übergießen und zum Servieren zusammenrollen.

Tipp Nehmen Sie statt Sesam auch einmal Amaranth- oder Buchweizenmehl! Wer keine Sesamkörner mag, lässt sie einfach weg.

ROTE-BETE-KLÖSSE
mit Süßkartoffeln & kalter Kokos-Mandel-Sauce

Klöße
170 g gekochte Kichererbsen
230 g gekochte Rote Bete
¾ TL Kräutersalz
1 ½ TL Flohsamenschalen-
    pulver
1 Knoblauchzehe, zerdrückt

Kokos-Mandel-Sauce
5 EL fette Kokosmilch
1 EL Mandelbutter
¼ TL Kräutersalz
1 TL Zitronensaft
½ TL Knoblauchpulver

Beilagen
Gekochte Süßkartoffeln
frischer Thymian
Körnerknäckebrot, Rezept
    auf Seite 23

Für 1–2 Portionen

Den Backofen auf 225 °C vorheizen. Alle Zutaten in der Küchenmaschine zu einem glatten Teig verarbeiten.

Die Hände unter kaltem Wasser abspülen und die Masse zu
4–6 Klößen formen. Auf ein mit Backpapier ausgelegtes Backblech legen und mit Kokosöl einpinseln.

15–20 Minuten backen, dabei einmal wenden.

Die Sauce anrühren und bis zum Servieren in den Kühlschrank
stellen.

Die Klöße mit der Sauce übergießen und mit gekochten Süßkartoffeln, frischem Thymian und Körnerknäckebrot servieren.

Tipp
Für die Sauce kann man jede beliebige Nussbutter nehmen – Pistazienbutter schmeckt
überraschend lecker in warmen Gerichten, ebenso wie Sonnenblumenkernbutter
oder Tahini. Tahini ist eine Sesampaste, die es in gut sortierten Supermärkten oder im
Naturkostladen zu kaufen gibt.

BOHNENEINTOPF

mit Avocado & knackigem Rotkohl

....

Eintopf
1 rote Zwiebel, fein gehackt
1 große Knoblauchzehe, fein
  gehackt
200 g gekochte Kicher-
  erbsen
200 g gekochte Kidney-
  bohnen
Kokosöl zum Braten
250 ml fette Kokosmilch
350 g Tomaten, gehackt
2 EL Agavensirup
1 EL Curry
1 TL Kräutersalz
1 Prise Cayennepfeffer
1 TL gemahlener Ingwer
1 TL Kreuzkümmel
1 Prise Zimt

Garnierungsvorschlag
Cashewkerne
Sesamsamen
Blattspinat
Avocado
Rotkohl

Kalte Sauce
100 g Kokoscreme
½ TL Honig
1 EL Zitronensaft
Abgeriebene Schale
  einer ¼ Zitrone

Für 4 Portionen

Zwiebeln, Knoblauch und Kichererbsen in Kokosöl andünsten. Kokosmilch, Tomaten und Kräuter zugeben und eine Weile köcheln lassen – je länger, desto besser wird der Eintopf!

Nach Belieben würzen und mit Cashewkernen, Sesam, Spinatblättern, Avocadowürfeln und gehacktem Rotkohl bestreuen. Zum Servieren einen Schuss Sauce darübergeben.

....

Tipp

Dieser bekömmliche Eintopf lässt sich auch gut in größeren Mengen zubereiten. Wer mag, kann auch ein paar Rosinen mit hineingeben!

FISCHCURRY

mit Erdnussbutter & knackigen Gemüsezwiebeln

400 g weißes Fischfilet
1 Zwiebel, fein gehackt
3 Knoblauchzehen, fein
   gehackt
Kokosöl zum Dünsten
800 ml fette Kokosmilch
3 EL Erdnussbutter
1 ½ TL Curry
2–2 ½ TL Kräutersalz
3 EL Zitronensaft
1 EL Honig
1 Prise Kurkuma

1 ½ Paprika
¼ Brokkoli
gekochte Süßkartoffel nach
   Belieben

Für 2–4 Portionen

Den Fisch in kleine Würfel schneiden. Zwiebel und Knoblauch in einem großen Topf glasig dünsten. Fisch, Kokosmilch, Erdnussbutter und Kräuter zugeben und 15–20 Minuten gar ziehen lassen.

Paprika und Brokkoli in feine Scheiben schneiden, in das Curry geben und ein paar Minuten mitkochen lassen. Wer das Gemüse knackig mag, gibt es erst kurz vor dem Servieren dazu.

Sehr lecker mit gekochter Süßkartoffel als Einlage.

Tipp   Verwenden Sie nach Möglichkeit Fisch mit MSC-Siegel aus nachhaltiger Fischerei. Vegetarier nehmen stattdessen Bohnen oder Linsen. Wer keine Erdnussbutter mag, lässt sie einfach weg.

LINSENSUPPE

mit Zitronencreme

Suppe

450 g ungekochte oder
  1 kg gekochte rote Linsen
100 ml fette Kokosmilch
150 g Tomaten, gehackt
1 ½ TL Kreuzkümmel
1 Prise Zimt
1 ½ TL Curry
1 TL Kurkuma
1 ½ EL frisch geriebener
  Ingwer
Kräutersalz nach Belieben
¼ TL Cayennepfeffer
2 EL Zitronensaft
3 Knoblauchzehen, zer-
  drückt
2 EL Agavensirup
ca 200 ml Wasser
Petersilie zum Garnieren

Zitronencreme
(ca. 200 ml)
200 ml Kokoscreme
Abgeriebene Schale
  von 1 Zitrone
2 EL Zitronensaft
1 Prise Kräutersalz

Für 4–6 Portionen

Ungekochte Linsen abspülen und mit reichlich Wasser in einen Topf geben. Deckel auflegen und ca. 10 Minuten gar ziehen lassen. Vorsicht, die Linsen kochen leicht über! Die Linsen sind fertig, wenn sie weich sind. Das Wasser abgießen.

Kokosmilch, Tomaten und Kräuter dazugeben und ein paar Minuten ziehen lassen, bis sich der Geschmack gut entfaltet hat.

Inzwischen die Zitronencreme anrühren.

Die Suppe im Mixer pürieren und nach Belieben Wasser zugeben. Abschmecken und mit gehackter Petersilie bestreut und einem Schuss Zitronencreme servieren.

Tipp   Studien zufolge hat Kurkuma entzündungshemmende Eigenschaften. Es ist darüber hinaus sehr farbintensiv, daher mit Vorsicht verwenden, denn die Flecken gehen nur schwer aus der Kleidung heraus!

HUMMUS
mit Ingwer & Honig

135 g gekochte Kichererbsen
3 EL Olivenöl
Saft einer ½ Zitrone
Kräutersalz nach Belieben
1 Prise Cayennepfeffer
½ TL frisch geriebener
   Ingwer
1 Knoblauchzehe, zerdrückt
2 EL Wasser
2 EL Tahini, nach Belieben
½ EL Honig

Petersilie zum Bestreuen

Für ca. 250 ml

Alle Zutaten im Mixer pürieren und nach Belieben Olivenöl und Wasser hinzugeben, bis die gewünschte Konsistenz erreicht ist. Nach Geschmack würzen. Zum Servieren mit Petersilie bestreuen und mit etwas Olivenöl beträufeln.

Tipp   Hummus schmeckt lecker für sich allein oder als Dip zu knackigem Gemüse, als Beilage zu heißen Gerichten, auf Brot oder als Salat-Topping. Tahini ist eine Sesampaste, die man in gut sortierten Supermärkten oder im Naturkostladen bekommt.

GEMÜSEDIPS

mit Zucchini & Aubergine

....

1 Zucchini
1 Aubergine
Kokosöl zum Dünsten

Paprikadip
2 rote Paprika
1 EL Kokosöl
80 g gekochte Sojabohnen
½ Knoblauchzehe, zerdrückt
½ EL Olivenöl
Kräutersalz nach Belieben

Kichererbsendip
170 g gekochte Kichererbsen
½ EL Olivenöl
Kräutersalz nach Belieben
¼ TL Curry
1 Knoblauchzehe, zerdrückt
2 EL Wasser
½ EL Honig

Für jeweils ca. 200 ml

Die Paprika in Scheiben schneiden und in dem Kokosöl weich dünsten.

Die Zutaten für die Dips mit dem Stabmixer pürieren und nach Belieben würzen.

Die Zucchini und Auberginen in Scheiben schneiden und in dem Kokosöl goldbraun und weich dünsten.

Die Gemüsescheiben mit den Dips servieren.

....

Tipp   Die Dips sind lecker für sich allein als Zwischenmahlzeit, als Beilage zu warmen Gerichten oder als Brotaufstrich. Die Sojabohnen und Kichererbsen lassen sich auch durch Nüsse und Samen ersetzen.

FRÜHLINGSROLLE

mit Gemüse & Mangodip

....

Mangodip
4 EL Mandel- oder Cashew-
    nussbutter
140 g fein gehackte frische Mango
1 TL frisch geriebener Ingwer
1 Knoblauchzehe, zerdrückt
1 Prise Cayennepfeffer
1–2 Prisen Kräutersalz, nach
    Belieben
2 EL Wasser, nach Belieben

Frühlingsrollen
1 Mohrrübe
½ Paprika
¼ Salatgurke
½ Avocado
1 Gemüsezwiebel
5 Blatt essbares Reispapier
25 g frisch gehackter Koriander
½ Limette zum Auspressen
Kräutersalz nach Belieben

Für 5 Frühlingsrollen

Alle Zutaten für den Dip im Mixer pürieren. Wenn nötig, mehr Wasser hinzugeben. Nach Belieben würzen.

Das Gemüse in feine Streifen schneiden. Die Zwiebel fein hacken.

Wasser in einem großen Topf zum Kochen bringen. Den Topf vom Herd nehmen und abkühlen lassen, dann ein Blatt Reispapier für einige Sekunden zum Aufweichen hineinlegen.

Das Papier auf ein sauberes, feuchtes Küchenhandtuch legen und mit Gemüse, Zwiebel und Koriander füllen. Etwas Limettensaft darüberträufeln und mit Kräutersalz bestreuen. Die Enden des Papiers nach innen falten und das Ganze fest zusammendrücken.

So fortfahren, jedoch immer nur ein Blatt Reispapier auf einmal einweichen.

Die Frühlingsrollen mit dem Mangodip servieren.

....

Tipp Der Inhalt der Frühlingsrollen lässt sich beliebig variieren. Sehr lecker schmecken sie, wenn man die Rollen kurz in etwas Kokosöl in der Pfanne anbrät.

TACOWRAPS

1 ½ EL Buchweizenmehl
1 ½ TL Flohsamenschalenpulver
1 Prise Kräutersalz
1 Ei
125 ml Wasser

Für 2 große oder 4 kleine Wraps

Den Backofen auf 225 °C vorheizen.

Alle trockenen Zutaten mischen. Ei und Wasser zugeben und alles zu einem glatten Teig verarbeiten. Etwa 7 Minuten quellen lassen, bis der Teig eine cremige Konsistenz hat. Den Teig mithilfe eines Küchenspachtels auf einem mit Backpapier ausgelegtem Backblech zu 2 großen oder 4 kleinen Ovalen ausstreichen. Wenn nötig, den Spachtel zwischendurch in kaltes Wasser tauchen. Den Teig so gleichmäßig wie möglich verteilen, die Unterlage sollte jedoch nicht durchscheinen. 5–6 Minuten backen und vor dem Ablösen abkühlen lassen.

Flohsamenschalenpulver nimmt umso mehr Flüssigkeit auf, je länger der Teig steht. Wollen Sie mehr als die angegebene Anzahl Wraps zubereiten, ist es besser, jeweils neuen Teig anzurühren, während die vorige Portion im Ofen ist, da sich der Teig sonst nur schwer verarbeiten lässt.

Tipp Man kann für die Wraps auch ein anderes Mehl verwenden, etwa Quinoa- oder Kichererbsenmehl.

TOMATENSALSA

300 g gehackte Tomaten
1 TL Kräutersalz
1 EL Agavensirup oder Honig
1 Knoblauchzehe, zerdrückt
1 Prise Cayennepfeffer
25 g frisch gehackter Koriander

Für ca. 250 ml Salsa

Alle Zutaten zusammen mindestens 10 Minuten bei schwacher Hitze köcheln – je länger, desto besser!

In eine Schale gießen und abkühlen lassen.

Tipp Wer kein Koriander mag, nimmt einfach andere Kräuter nach Belieben.

AVOCADODIP

....

1 Avocado
2 EL fette Kokosmilch
2 EL Limettensaft
Kräutersalz nach Belieben
1 kleine Knoblauchzehe, zerdrückt
1–2 cm fein gehackte rote Chilischoten
1 Prise Cayennepfeffer, nach Belieben

Für ca. 200 ml Dip

Alle Zutaten zusammen gut verrühren, abschmecken und servieren.

TACOCHIPS

....

60 g Buchweizenmehl + 1 TL zum
   Bestäuben
25 g Kichererbsenmehl
½ TL Natron
1 TL Kreuzkümmel
1 Prise Cayennepfeffer
½ TL Knoblauchpulver
1 TL Meersalz
1 Prise Kurkuma
2 Eiweiße
1 EL Kokosöl, Zimmertemperatur

Den Backofen auf 150 °C vorheizen. Alle trockenen Zutaten mischen. Eiweiße und Kokosöl zugeben und alles zu einem glatten Teig verarbeiten. Mit Buchweizenmehl bestäuben und 15–20 Minuten quellen lassen.

Den Teig zwischen zwei Lagen Backpapier dünn ausrollen, dabei darauf achten, dass er überall gleichmäßig dick ist. Die obere Papierlage abziehen und mit dem Teigroller in Rauten zerschneiden, damit sich die Chips später gut trennen lassen. Den Teig in 2 Portionen abbacken.

Auf der oberen Ofenschiene 20–25 Minuten goldbraun und knusprig backen. Auf einem Kuchenrost abkühlen lassen und in Stücke brechen.

....

Tipp   Dieser Dip schmeckt auch fantastisch auf Bratlingen, auf Brot oder als Salatbeilage.

....

Tipp   Bereiten Sie die Chips auch einmal mit groben Mandelmehl oder Sesam- bzw. Amaranthmehl zu.

GEMÜSELASAGNE

mit Kichererbsen & Blattspinat

Lasagneteig
2 EL Quinoamehl
1 ½ TL Flohsamenschalen-
pulver
2 Prisen Backpulver
1 Prise Kräutersalz
1 Prise Kurkuma, nach
Belieben
125 ml Wasser
2 Eier, Zimmertemperatur
Kokosöl zum Einfetten

Tomatensauce
¼ rote Zwiebel, fein gehackt
1 große Knoblauchzehe, fein
gehackt
25 g geraspelte Mohrrüben
1 EL Kokosöl
200 g gehackte Tomaten
1 EL Agavensirup
Kräutersalz und Pfeffer

Kichererbsenmus
135 g Kichererbsen
40 g Walnüsse
1 Handvoll frisches Basilikum
Kräutersalz und Pfeffer
1 Prise Knoblauchpulver
100 ml Nussmilch
1 EL Olivenöl

Gemüse
½ Zucchini
ca. 50 g Blattspinat

Für 2–3 Portionen

Den Backofen auf 225 °C vorheizen.

Alle trockenen Zutaten mischen. Wasser und Eier zugeben und alles zu einem glatten Teig verarbeiten. Etwa 7–10 Minuten quellen lassen, bis der Teig eine cremige Konsistenz hat. Ein Backblech mit Backpapier auslegen und mit Kokosöl einfetten. Den Teig mithilfe eines Küchenspachtels zu einem 38 x 30 cm großen Recheck ausstreichen. Wenn nötig, den Spachtel zwischendurch in kaltes Wasser tauchen. Den Teig so gleichmäßig wie möglich verteilen, die Unterlage sollte jedoch nicht durchscheinen. 5–6 Minuten backen und vor dem Ablösen abkühlen lassen. Die Teigplatte in 4 ca. 10 x 10 cm große Teile schneiden. Flohsamenschalenpulver nimmt umso mehr Flüssigkeit auf, je länger der Teig steht. Wollen Sie mehr als die angegebene Anzahl Lasagneplatten zubereiten, sollten Sie daher jeweils neuen Teig anrühren, während die vorige Portion im Ofen ist, da sich der Teig sonst nur schwer verarbeiten lässt.

Die Ofentemperatur auf 200 °C herunterschalten. Zwiebeln, Knoblauch und Mohrrüben in einem Topf andünsten. Tomaten, Agavensirup, Salz und Pfeffer zugeben und 10–15 Minuten köcheln. Vom Herd nehmen, nach Belieben mit dem Stabmixer pürieren. Das Kichererbsenmus zubereiten. Die Zucchini in feine Scheiben hobeln.

Eine 1,5-Liter-Kastenform mit Backpapier auskleiden. Abwechselnd Lasagne, Zucchini, Spinat, Tomatensauce und Kichererbsenmus in die Form schichten. Auf der mittleren Ofenschiene ca. 20 Minuten backen.

Tipp

Versuchen Sie es statt des Quinoamehls auch einmal mit Kichererbsen- oder Buchweizenmehl. Die Walnüsse kann man auch weglassen oder stattdessen Sonnenblumenkerne nehmen.

GEMÜSEWRAPS

mit Curryhummus & Honigmayonnaise

....

Wraps
1 ½ EL Buchweizenmehl
1 ½ TL Flohsamenschalenpulver
1 Prise Kräutersalz
1 Ei
125 ml Wasser

Honigmayonnaise (100 ml)
1 Eigelb
½ TL Dijonsenf
ca. 100 ml Rapsöl
1 ½ EL Zitronensaft
½ TL Zitronenzeste
1 EL Honig
1 Prise Cayennepfeffer
1 Prise Knoblauchpulver
Kräutersalz nach Belieben

Curryhummus (400 ml)
350 g gekochte Kichererbsen
3 EL Olivenöl
Kräutersalz nach Belieben
1 EL Zitronensaft
1 kleine Knoblauchzehe,
   zerdrückt
1 Prise Cayennepfeffer
2 TL Curry
1 TL Honig
1 Prise Kurkuma
2 EL Wasser
2 EL Sesam- oder Kicher-
   erbsenmehl

Für 2 Wraps

Den Backofen auf 225 °C vorheizen.

Alle trockenen Zutaten mischen. Ei und Wasser zugeben und alles zu einem glatten Teig verarbeiten. Etwa 7 Minuten quellen lassen, bis der Teig eine cremige Konsistenz hat. Den Teig mithilfe eines Küchenspachtels auf einem mit Backpapier ausgelegtem Backblech zu 2 ca. 25 x 15 cm großen Rechtecken ausstreichen. Wenn nötig, den Spachtel zwischendurch in kaltes Wasser tauchen. Den Teig so gleichmäßig wie möglich verteilen, die Unterlage sollte jedoch nicht durchscheinen. 5–6 Minuten backen und vor dem Ablösen abkühlen lassen.

Alle Zutaten für die Mayonnaise sollten Raumtemperatur haben. Eigelb und Senf verrühren, dann das Öl bei laufendem Mixer zuerst tropfenweise zugeben, bis die Mischung abzubinden beginnt. Dann in dünnem Strahl zugießen und den Mixer bis zur gewünschten Konsistenz weiterlaufen lassen. Zitronensaft und -zeste, Honig und Kräuter zugeben und abschmecken.

Alle Zutaten für den Hummus im Mixer pürieren und mit Kräutern abschmecken.

Je ein Teigrechteck mit Hummus bestreichen. Fein geschnittenen Rotkohl, geraspelte Mohrrüben, halbierte Kirschtomaten, Blattspinat, Petersilie und etwas Mayonnaise darübergeben und alles fest zusammenrollen.

....

Tipp

Flohsamenschalenpulver nimmt umso mehr Flüssigkeit auf, je länger der Teig steht. Wollen Sie mehr als die angegebene Anzahl Wraps zubereiten, sollten Sie daher jeweils neuen Teig anrühren, während die vorige Portion im Ofen ist, da sich der Teig sonst nur schwer verarbeiten lässt.

PFANNENGEMÜSE

mit Zitronengras & rotem Curry

....

3 Zitronengrashalme
20 g Rot- oder Weißkohl
20 g Paprika
¼ fein gehackte rote Chili
1 Knoblauchzehe, zerdrückt
1 TL frisch geriebener Ingwer
1 ½ TL rote Currypaste
35 g gekochte Kichererbsen
100 ml fette Kokosmilch
¼ TL Kräutersalz
¼ TL Agavensirup
1 TL Limettensaft
Ca. 70 g Shiratakinudeln
Kokosöl zum Dünsten

Garnierungsvorschlag
Brokkoli
Mohrrübe
Frische Keime nach Wahl
Frischer Koriander

Für 1 Portion

Das Zitronengras fein hacken, den holzigen unteren Teil jedoch vorher entfernen. Den Kohl fein raspeln und die Paprika in feine Streifen schneiden.

Zitronengras, Chili, Knoblauch, Ingwer und Currypaste in dem Kokosöl andünsten. Kohl, Kichererbsen, Paprika und Kokosmilch zugeben und auf schwacher Hitze ca. 5 Minuten dünsten. Salz, Agavensirup und Limettensaft zugeben.

Die Shiratakinudeln unter fließendem Wasser abspülen und 3–4 Minuten in heißem Wasser quellen lassen. Mit dem Pfannengemüse und frisch geraspeltem Gemüse und frischem Koriander servieren. Nach Belieben mit etwas Limettensaft beträufeln.

....

Tipp Shiratakinudeln sind gluten- und laktosefrei und haben so gut wie keine Kohlehydrate. Sie sind fast durchsichtig und bestehen aus dem ballaststoffreichen Mehl (Glucomannane) der Konjakwurzel (Teufelszunge). Ersatzweise kann man auch Reis- oder Eiernudeln nehmen.

SÜSSSPEISEN
&
DESSERTS

WARME MUFFINS

mit Mandelpaste & Kokoscreme

....

Muffins
50 g Kokoszucker
50 g grobes Mandelmehl
50 g feines Kokosmehl
80 g Kartoffelmehl
2 EL Flohsamenschalen-
    pulver
2 TL Backpulver
1 Prise Salz
3 El Kokosöl, zerlassen
3 Eier
1 ¼ TL Kardamom
250 ml Nussmilch
Kokosöl zum Einfetten
12 kleine Muffinförmchen
    (oder 6 große)

Mandelpaste
75 g grobes Mandelmehl
3 EL Nussmilch
3 EL Agavensirup

Kokoscreme
200 ml Kokoscreme
1 TL Agavensirup
1 TL Zitronensaft
1 Prise echtes Vanillepulver

Für 12 kleine oder 6 große Muffins

Den Backofen auf 225 °C vorheizen und ein leeres Backblech in den unteren Einschub stellen. Alle trockenen Zutaten außer dem Kardamon gut mischen.

Das Kokosöl in einem Topf zerlassen. 2 Eier und 1 Eigelb (das Eiweiß beiseitestellen), Kardamom und Nussmilch hineingeben und gut verquirlen. Die Mischung über die trockenen Zutaten geben und alles zu einem glatten Teig verarbeiten. Den Teig 5 Minuten ziehen lassen.

Das restliche Eiweiß steif schlagen und unter den Teig heben. Den Teig auf mit Kokosöl gefettete Muffinförmchen verteilen, auf ein Backblech stellen und in die mittlere Ofenschiene schieben. Einen Esslöffel Wasser auf das leere Backblech geben und sofort die Ofentür schließen. Die Tür erst wieder öffnen, wenn die Muffins Farbe bekommen haben. (Das dauert bei großen Muffins 20–25 Minuten, bei kleineren 12–14 Minuten). Auf einem Kuchenrost abkühlen lassen.

Die Zutaten für die Mandelmasse gut mischen und, wenn nötig, etwas Wasser zugeben. Die Kokoscreme steif schlagen. Beides in den Kühlschrank stellen.

Je einen „Deckel" von den Muffins abschneiden und diese etwas aushöhlen. Mit Mandelpaste und Kokoscreme füllen und den Deckel wieder aufsetzen.

....

Tipp
Nehmen Sie feste Muffinförmchen, damit die Muffins eine schöne Form bekommen. Tipps zu Kokoscreme finden Sie auf Seite 11.

CRÈME BRÛLÉE

mit Kokosmilch & Blaubeeren

400 ml fette Kokosmilch
4 Eigelbe
1 Ei
50 g Kokoszucker + 4 TL
    zum Bestreuen
1 Prise echtes Vanillepulver
1 Prise Meersalz

Blaubeeren und Minze-
    blätter zum Garnieren

Für 4 Portionen

Den Backofen auf 150 °C vorheizen.

Alle Zutaten schaumig schlagen. Die Creme auf 4 Ramequinförmchen verteilen und diese in eine ofenfeste Form oder auf
ein kleines tiefes Backblech stellen.

Wasser aufkochen lassen und in die Form gießen, sodass die
Ramequinförmchen bis zur halben Höhe in Wasser stehen.
Auf der mittleren Ofenschiene 30–40 Minuten stocken lassen (wenn Sie hochwandigere Brûléeförmchen verwenden,
dauert es 50–60 Minuten). Die Creme soll stocken, aber nicht
fest werden. Rütteln Sie zur Probe an einem Förmchen, um die
Konsistenz zu testen.

Die Form aus dem Ofen nehmen und abkühlen lassen.

Die Backofentemperatur auf 250 °C einstellen und den Grill
bzw. Oberhitze einschalten. Die Cremes mit je 1 Teelöffel Kokoszucker bestreuen und den Zucker auf der oberen Ofenschiene
karamellisieren lassen. (Achtung – das geht sehr schnell!) Man
kann auch einen Küchen-Gasbrenner verwenden.

Tipp Ein wenig Zitronen-, Orangen oder Limettenzeste gibt der Creme einen besonderen
Kick – oder versuchen Sie es einmal mit Kardamom oder Zimt. Kokoszucker finden
Sie im Naturkostladen oder im Internet. Ramequinförmchen gibt es in verschiedenen
Formen.

SAFRANEISCREME

mit süßen, gerösteten Walnüssen

....

Walnüsse

40 g Walnüsse
1 El Agaven- oder Yaconsirup
1 Prise Kräutersalz
1 Prise Cayennepfeffer

Eiscreme

150 g Cashewnussbutter
200 ml Mandelmilch
50 g Agavensirup
1 Prise echtes Vanillepulver
1 Prise Kräutersalz
½ g Safran
2 ½ EL Kokosöl, zerlassen

Für 2–4 Portionen

Die Walnüsse mit Wasser übergießen und für 4 Stunden in den Kühlschrank stellen. Das Wasser abgießen.

Den Backofen auf 175 °C vorheizen. Walnüsse, Sirup, Salz und Cayennepfeffer gut mischen und auf ein mit Backpapier ausgelegtes Backblech geben. Auf der mittleren Ofenschiene etwa 20 Minuten rösten, dabei einmal umrühren. Abkühlen lassen.

Alle Zutaten für die Eiscreme außer dem Kokosöl mit dem Stabmixer oder in der Küchenmaschine zu einer glatten Masse verarbeiten. Das Kokosöl zerlassen und zu der Mischung geben, wenn es etwas abgekühlt ist.

Die Hälfte der Walnüsse im Mixer zerkleinern und unter die Eiscrememasse rühren. Den Rest zurückbehalten.

Wenn Sie keine Eiscreme-Maschine haben, stellen Sie die Masse in einem verschließbaren Behälter in den Gefrierschrank (etwa 3–4 Stunden). Etwa 20–30 Minuten vor dem Servieren aus dem Gefrierschrank nehmen. Mit den restlichen Walnüssen bestreut servieren.

....

Tipp Geröstete Walnüsse sind vielseitig verwendbar, zum Beispiel im Salat oder als kleiner Imbiss zwischendurch, mit ein paar Beeren, getrockneten Früchten (und vielleicht etwas Schokolade) gemischt. Die Eiscreme schmeckt auch gut mit einer anderen Nuss- oder Samenbutter – besonders zu empfehlen mit Pistazien!

SCHOKOEISCREME
mit Banane & Mandelbutter

. . . .

Eiscreme
2 kleine reife Bananen
25 ml Milch
1 ½ EL Rohkakaopulver
1 TL Agavensirup
2 EL Mandelbutter
1 Prise Meersalz

Garnierung
Kakaonibs
Agavensirup

Für 1–2 Portionen

Die Bananen schälen, grob hacken und für einige Stunden in den Gefrierschrank legen.

Alle Zutaten im Mixer pürieren.

Mit Kakaonibs bestreuen, mit Agavensirup beträufeln und sofort servieren.

. . . .

 *Tipp* Man kann auch andere Nuss- oder Samenbutter verwenden. Nehmen Sie statt Bananen und Kakao einmal 30–60 g tiefgefrorene Beeren und eine halbe Avocado – herrlich cremig!

ERDNUSSKEKSE

mit Schokolade

100 g cremige Erdnussbutter
1 Ei, Zimmertemperatur
25 ml Kokosöl, Zimmer-
temperatur
2 EL Kokoszucker
1 EL Kokosmehl
½ TL Backpulver
1 Prise Meersalz
ca. 40 g Zartbitterschokolade

Für 8 Stück

Den Backofen auf 175 °C vorheizen

Nussbutter, Ei und Kokosöl zu einem glatten Teig rühren, dann den Kokoszucker und zuletzt Kokosmilch, Backpulver und Salz zugeben.

Den Teig einige Minuten quellen lassen, währenddessen die Schokolade hacken. Den Teig nochmals gut durchrühren, dann die Schokolade dazugeben.

Mit einem Esslöffel 8 gleichgroße Teigportionen auf ein mit Backpapier ausgelegtes Backblech verteilen. Oben etwas glattstreichen. Auf der mittleren Schiene 8–10 Minuten backen. Gut auskühlen lassen.

Bei manchen Erdnussbuttersorten tendiert das Kokosöl dazu, aus dem Teig auszulaufen. Versuchen Sie dann nicht, das Öl trotzdem in den Teig einzuarbeiten. Formen Sie die Kekse auf einem Teller vor, und lassen Sie das überschüssige Öl auslaufen. Nach meiner Erfahrung werden die Kekse dennoch gelingen.

Lecker zu eiskalter Haselnussmilch! Das Rezept dazu finden Sie auf Seite 46.

Tipp Für diese Kekse eignet sich auch andere Nuss- oder Samenbutter, zum Beispiel Mandel-, Sonnenblumenkern-, Haselnuss- oder Cashewbutter. Die Schokolade sollte einen Kakaoanteil von mindestens 70 Prozent haben und weder Industriezucker noch Milch enthalten.

BEERENCRUMBLE
mit knuspriger Buchweizenkruste

....

Beeren
175 g Blaubeeren, geputzt
130 g Himbeeren, geputzt
1 Banane, zerdrückt
½ EL Kartoffelmehl

Crumble
90 g Buchweizenflocken
60 g Buchweizenmehl
75 ml Kokosöl
1 Prise Salz
1 Prise Kardamom
50 g Agavensirup

Kokosöl zum Einfetten

Kokoscreme
200 g Kokoscreme
1 TL Agavensirup
1 TL Zitronensaft
1 Prise echtes Vanillepulver

Für 4–6 Portionen

Den Backofen auf 200 °C vorheizen. Eine feuerfeste Schüssel von 28 cm Durchmesser mit etwas Kokosöl einfetten.

Die Beeren mit der zerdrückten Banane und dem Kartoffelmehl mischen und in die Form geben.

Die Crumble-Zutaten mischen und gleichmäßig über die Beerenfüllung streuen.

Auf der mittleren Ofenschiene 20 Minuten backen, bis die Kruste eine schöne goldgelbe Farbe hat.

Die Kokoscreme mit den restlichen Zutaten vermischen, steif schlagen und zu dem Crumble servieren.

....

Tipp

Versuchen Sie es auch einmal mit Amaranthmehl und -flocken. Gemischte Nüsse und Samen in der Crumblemischung geben dem Ganzen einen herrlich nussigen Biss. Mehr zum Thema Kokoscreme finden Sie auf Seite 11.

BLAUBEERMUFFINS

mit Zimt & Kardamom

....

Muffins
2 ½ EL Kokosöl, Zimmer-
   temperatur
25 ml Nussmilch
1 Prise echtes Vanillepulver
1 TL Zimt
1 TL Kardamom
2 EL Kokoszucker
12 g Kokosmehl
12 g grobes Mandel- oder
   Haselnussmehl
1 ½ TL Backpulver
1 Prise Kräutersalz
2 EL Flohsamenschalen-
   pulver
1 Ei
2 Eiweiß

Füllung
1 EL Kokosöl, Zimmer-
   temperatur
1 TL Zimt
1 EL Agavensirup
70 g Blaubeeren

Muffinförmchen

Für ca. 10 Muffins

Den Backofen auf 200 °C vorheizen.

Das Kokosöl mit der Nussmilch, Vanille, Gewürzen und Kokoszucker in einem Topf erwärmen und beiseitestellen.

Mehl, Backpulver, Salz und Flohsamenschalenpulver mischen.

Ei und Eiweiß schaumig schlagen und mit der Nussmilch-
mischung und den trockenen Zutaten zu einem glatten Teig
verarbeiten. 5–6 Minuten quellen lassen.

Den Teig zwischen zwei Lagen Backpapier zu einem ca.
25 x 30 cm großen Rechteck ausrollen. Die obere Papierlage abziehen. Den Teig mit Kokosöl einpinseln, mit Zimt bestäuben, mit Agavensirup beträufeln und die Beeren darüber
verteilen.

Den Teig mithilfe des Backpapiers zu einer Rolle formen. In
10 gleichgroße Stücke schneiden und diese in Muffinformen
geben.

Auf der mittleren Ofenschiene ca. 12–15 Minuten goldgelb
backen.

....

Tipp   Sie können statt der hier angegebenen Sorten auch andere Mehlsorten verwenden. Zerkleinern Sie zum Beispiel Sonnenblumenkerne, Pecannüsse, Pistazien oder
Cashewkerne im Mixer zu grobem Mehl. Das Kokosmehl kann man durch Kichererb-
sen- oder Sesammehl ersetzen.

KONFEKT

mit Zitronengeschmack

10 Datteln, entsteint
100 g Cashewnüsse
50 ml Kokosöl, zerlassen
1 Prise echtes Vanillepulver
Abgeriebene Schale von
   1 unbehandelten Zitrone
1 Prise Kräutersalz

Für 15 Stück

Die Datteln in einem verschließbaren Behälter mit ca. 200 ml Wasser für etwa 4 Stunden in den Kühlschrank stellen, die Cashewkerne in ca. 300 ml Wasser einweichen.

Das Cashewwasser abgießen, das Dattelwasser nach Wunsch zurückbehalten (siehe Tipp).

Das Kokosöl zerlassen und mit Zimt, Zitronenzeste und Salz verrühren. Alle Zutaten zusammen im Mixer pürieren.

Die Konfektmasse in einer mit Backpapier ausgelegten Form ausstreichen und ein paar Stunden in den Gefrierschrank stellen. In Stücke schneiden und servieren.

Tipp Das Dattelwasser schmeckt gut als Gebäckzutat oder in Smoothies. Statt der Cashewkerne kann man auch Sonnenblumenkerne nehmen. Eine Messerspitze Safran gibt dem Ganzen eine wunderbare Farbe.

ROCKY ROAD

mit Salz & Cayennepfeffer

....

75 ml Kokosöl
4 EL Rohkakaopulver
50 g Agavensirup
100 g gehackte Nüsse, etwa
    Walnüsse und Pistazien
1 EL Nussbutter, etwa Hasel-
    nuss- oder Pistazienbutter

Meersalz, Cayennepfeffer
    und Nüsse zum Bestreuen

Für ca. 20 Stück

Das Kokosöl zerlassen und die restlichen Zutaten darin zu einer glatten Konsistenz verarbeiten.

Die Kakaomasse in eine mit Backpapier ausgekleidete Form gießen. Wer mag, kann auch mehrere kleinere Formen nehmen. Mit Salz, Cayennepfeffer und Nüssen bestreuen und für einige Stunden in den Kühlschrank stellen.

Kühl aufbewahren und vor dem Servieren in Stücke schneiden.

....

Tipp

Man kann für dieses Rezept selbstverständlich jede beliebige Sorte Nüsse und Samen verwenden. Auch gefriergetrocknete Früchte und Beeren sind sehr zu empfehlen!

SCHOKOKONFEKT

mit Chiasamen & Haselnüssen

10 Datteln, entsteint
4 EL Agavensirup
3 EL Chiasamen
75 ml Dattelwasser
3 EL Kokosöl
1 Prise echtes Vanillepulver
1 Prise Meersalz
130 g Haselnüsse
3–4 EL Rohkakaopulver

Kakaopulver zum Bestäuben

Für 20 Stück

Die Datteln mit ca. 200 ml Wasser in einem verschließbaren Behälter für 4 Stunden in den Kühlschrank stellen.

Das Wasser abgießen und aufbewahren. Die Chiasamen in 75 ml Dattelwasser einweichen und so lange rühren, bis sich die Flüssigkeit zu einer gallertartigen Konsistenz verdickt hat.

Die Chiamasse mit den restlichen Zutaten im Mixer zu einer glatten Masse verarbeiten. Nach Belieben mehr Agavensirup oder Kakao hinzugeben.

Die Kakaomasse in eine mit Backpapier ausgekleidete Form gießen und für einige Stunden in den Kühlschrank stellen. Wer mag, kann auch mehrere kleinere Formen nehmen.

Tipp Kokosöl eignet sich wunderbar zum Braten, Kochen, Backen, in Smoothies und in Süßspeisen – sogar als Massageöl, Hautcreme oder Haarkur! Es hat eine feste Konsistenz, verflüssigt sich aber bei einer Temperatur von etwa 25 °C. Nehmen Sie möglichst die Sorten mit der Bezeichnung „kalt gepresst", „raw" oder „extra virgin".

ENERGIERIEGEL
mit Schokolade & Orange

....

Untere Schicht
130 g Haselnüsse
120 g Rosinen
1 Prise Kräutersalz
1 EL Wasser
1 Prise echtes Vanillepulver

Mittlere Schicht
50 g Cashewnüsse, mindes-
   tens 3 Stunden in Wasser
   eingeweicht
100 ml Kokosöl
8 Datteln, entsteint
1 Prise Kräutersalz
1 Prise echtes Vanillepulver

Obere Schicht
75 ml Kokosöl
50 g Agavensirup
Abgeriebene Schale von
   1 Orange (davon eine Prise
   zum Garnieren)
3 EL Rohkakaopulver

Für ca. 20 Riegel

Die Zutaten für die untere Schicht im Mixer pürieren und in eine ca. 20 x 20 cm große, mit Backpapier ausgelegte quadratische Form geben. Die Oberfläche glattstreichen. In den Gefrierschrank stellen.

Die Cashewnüsse für die mittlere Schicht im Mixer zerkleinern, die übrigen Zutaten zugeben, bis sich eine glatte Masse gebildet hat. Die Masse über der ersten Schicht verteilen, glattstreichen und wieder in den Gefrierschrank stellen.

Die Zutaten für die obere Schicht in einem Topf erwärmen und in die Form gießen.

Mit der restlichen Orangenzeste bestreuen und wieder in den Gefrierschrank stellen.

Nach dem endgültigen Erkalten in Stücke schneiden.

....

Tipp   Statt der hier verwendeten Haselnüsse und Cashewkerne schmecken zum Beispiel auch Mandeln, Pistazien, Sonnenblumen- oder Kürbiskerne und Pecannüsse.

SCHOKOLADENBOMBE

mit Himbeeren & Pistazien

Kuchenbasis
200 ml Kokosöl
125 g Kokoszucker
55 g ungesüßtes Apfelmus
½ TL echtes Vanillepulver
1 TL Meersalz
50 g Rohkakaopulver
100 ml kalter starker Kaffee
6 Datteln, entsteint
300–350 g Buchweizen-
    flocken
Kokosöl zum Einfetten

Schokoladencreme
200 ml Kokoscreme
2 EL Rohkakaopulver
115 g ungesüßtes Apfelmus
2 EL Agavensirup
1 Prise Meersalz
Abgeriebene Schale
    einer ½ Limette

Garnierung
30 g Pistazien
70 g Himbeeren

Für 10–12 Kuchenstücke

Das Kokosöl in einem Topf erwärmen. Apfelmus, Kokoszucker, Vanille, Salz, Kakao und Kaffee dazugeben und alles zu einer glatten Masse verarbeiten.

Die Datteln im Mixer (oder mit dem Stabmixer direkt im Topf) unter die Schokoladenmasse rühren.

Nach und nach die Buchweizenflocken zugeben und alles zu einem gleichmäßigen, kompakten Teig verarbeiten. Die Buchweizenflocken nehmen viel Flüssigkeit auf, der Teig sollte nicht zu fest, aber auch nicht zu weich werden.

Eine Springform einfetten. Je kleiner die Form, desto höher wird der Kuchen. Den Teig so fest wie möglich in die Form pressen – nehmen Sie eventuell den Boden eines Marmeladenglases zu Hilfe. In den Kühlschrank stellen.

Die Schokoladencreme zubereiten, nach Geschmack süßen und in den Kühlschrank stellen. Sowohl der Kuchen als auch die Creme sollten 2–3 Stunden kühlgestellt werden, damit sie fest werden.

Den Kuchen aus der Springform nehmen und rundherum mit der Schokoladencreme bestreichen. Mit Pistazien und frischen Himbeeren bestreut servieren.

Tipp Wer keinen Kaffee mag, nimmt stattdessen nur Wasser. Lassen Sie sich nicht von der geringen Größe des Kuchens täuschen – er ist sehr sättigend und reicht für viele Gäste! Lecker schmeckt er auch, wenn man ihn mit Kokosraspeln bestreut.

REGISTER *alphabetisch*

Avocadodip 117
Beerencrumble 142
Beerensmoothie 53
Blaubeer-Himbeer-Suppe 49
Blaubeerbrot 20
Blaubeergrütze 77
Blaubeermuffins 145
Blaubeerpfannkuchen 42
Bohneneintopf 102
Brotaufstrich, cremiger 86
Buchweizengrütze 65
Buchweizenpfannkuchen 33
Chiakonfitüre 83
Chiapfannkuchen 34
Chiapudding 71
Chili-Limetten-Burger 91
Crème brûlée 132
Energieriegel 152
Erdbeersmoothie 56
Erdnusskekse 140
Falafelbällchen 98
Fischcurry 104
Frühlingsrolle 112
Frühstückssalat 62
Gemüsedips 111
Gemüselasagne 118
Gemüsewraps 123
Hagebuttensuppe 49
Hagebuttenwecken 29
Haselnussbrot 24
Himbeergrütze 66

Himbeersmoothie 58
Hummus 108
Kichererbsenflinsen 38
Kokosgrütze 73
Konfekt 146
Körnerknäckebrot 23
Linsensuppe 107
Mangosmoothie 54
Mehrkornklößchen 97
Mohrrübenbrot 27
Muffins, warme 128
Nussbutter 79
Nussmilch 46
Pfannengemüse 125
Pizza 94
Quinoagrütze 74
Rocky Road 149
Rote-Bete-Klöße 101
Safraneiscreme 135
Schokoeiscreme 136
Schokokonfekt 151
Schokoladenbombe 157
Schokosmoothie 50
Scones 14
Sonnenblumenbrot 19
Süßkartoffelpommes 92
Tacochips 117
Tacowraps 116
Tomatensalsa 116
Vanillemüsli 61
Waffeln, knusprige 37

REGISTER *thematisch*

Brot
Blaubeerbrot 20
Hagebuttenwecken 29
Haselnussbrot 24
Körnerknäckebrot 23
Mohrrübenbrot 27
Scones 14
Sonnenblumenbrot 19

Pfannkuchen & Waffeln
Blaubeerpfannkuchen 42
Buchweizenpfannkuchen 33
Chiapfannkuchen 34
Kichererbsenflinsen 38
Waffeln, knusprige 37

Grütze & Pudding
Blaubeergrütze 77
Buchweizengrütze 65
Chiapudding 71
Himbeergrütze 66
Kokosgrütze 73
Quinoagrütze 74

Aufstriche & Müsli
Aprikosenkonfitüre 27
Chiakonfitüre 83
Brotaufstrich, cremiger 86
Nussbutter 79
Vanillemüsli 61

Salat & Herzhaftes
Frühstückssalat 62
Pfannengemüse 125
Süßkartoffelpommes 92

Burger & Klöße
Chili-Limetten-Burger 91
Mehrkornklößchen 97
Rote-Bete-Klöße 101

Pizza & Wraps
Falafelbällchen 98
Gemüselasagne 118
Gemüsewraps 123
Pizza 94
Frühlingsrolle 112
Tacowraps 116

Suppen & Eintöpfe
Blaubeer-Himbeer-Suppe 49
Bohneneintopf 102
Fischcurry 104
Hagebuttensuppe 49
Linsensuppe 107

Tacos & Dips
Avocadodip 117
Gemüsedips 111
Paprikadip 111
Kichererbsendip 111
Tacochips 117

Saucen & Cremes
Basilikumcreme 92
Zitronencreme 107
Curryhummus 123
Honigmayonnaise 123
Hummus 108
Kichererbsenmus 118
Kokos-Mandel-Sauce 101
Tomatensalsa 116
Tomatensauce 118

Smoothies & Getränke
Beerensmoothie 53
Erdbeersmoothie 56
Himbeersmoothie 58
Mangosmoothie 54
Nussmilch 46
Schokosmoothie 50

Muffins
Blaubeermuffins 145
Muffins, warme 128

Kekse & Krosses
Beerencrumble 142
Erdnusskekse 140

Eiscreme & Süßes
Crème brûlée 132
Safraneiscreme 135
Schokoeiscreme 136

Schokolade & Konfekt
Energieriegel 152
Konfekt 146
Rocky Road 149
Schokokonfekt 151
Schokoladenbombe 157

DANKSAGUNG

Ein großes Dankeschön an meine fantastische Familie, meine wunderbaren Freunde, Kollegen und die Verlagsmitarbeiter von Max Ström für die unbezahlbare Hilfe, Unterstützung und Aufmunterung. All die Stunden in der Küche auf der Suche nach dem perfekten Rezept, das hektische Überarbeiten vor dem Abgabetermin, das Herumhantieren mit der Ausstattung und der Fotografie, all der Schweiß, die Tränen und die Freude wären ohne euch nicht denkbar gewesen. Ihr seid die Besten und ich freue mich sehr, dass ihr mich auf dieser spannenden und hektischen Reise begleitet habt!